常備菜

新常備菜考

「常備菜」とは、当座煮、佃煮風、煮豆、鉄火味噌など、なにかしらいつも用意しておくと重宝なおかずのことです。

一方、「保存食」とは、食品辞典によれば、微生物の繁殖を防ぎ、澱粉の老化や油脂の酸化がおきないように、また食物の味や形や成分、色合いにも一定の期間変化が生じないような状態にしてある食品のこと。保存の方法としては、乾燥、塩蔵、糖蔵、燻煙、酢漬け、そして冷蔵、冷凍も含まれていて、いわゆる「常備菜」よりは、広義で、加工の技術も少し高度なものまでが入ってきます。

常備菜の食べ方をふり返ってみると

毎日の家庭の食卓を実際に思い浮かべてみると、お昼には夕べの残りものを温め直したり、野菜を足すなどちょっと手を加えて食べています。そのほかの食事時でも、「酢味の野菜があれば」「昆布の佃煮が欲しい」「そうそう、あれもあった」と、冷蔵庫の保存容器の中や、常備食品の中からもう一品二品が登場するのは珍しいことではありません。それが家族の好物のものだったりするとなおさら。催促されてしまうこともしばしばです。それらは、いわゆる残りもので常備菜ではない場合もあるかもしれませんが、ともかく昨日や一昨日つくったものであっても一週間前であっても、おいしければ、またとり合わせとして必要とあれば、いっこうにかまわずわたしたちはいただいています。

これからの「常備菜」

料理のつくり手がいつも在宅していて、毎日手をかけたものをととのえるということができなくなってきた今日、「常備菜」を上手にかしこく活用することは、家族の健康をつくり、守るために必要ではないでしょうか。もともと常備菜は、食事の際の栄養、味、量などのバランスを考慮して、献立の一品を補い、変化をつけるもの、また箸休めの役割もしています。ここに掲載した「常備菜」は、従来の「日もちのするべんりなおかず」から、その一歩手前の「塩や酢で処理したもの」、あるいは「加熱し下拵えした素材」まで枠を広げて考えました。つくられたものの塩分や糖分、保存状態などによって異なりますので、いちがいにはいえませんけれど、一応冷蔵庫で三日から五日くらい日もちするものを主にしてまとめてあります。

これらの味つけは、そのまま食べても、またご飯と食べてもちょうどよい味（塩分1～1.5％）のものが多くなっています。それは塩分の摂りすぎによる健康への配慮から、世の中全体が薄味になったこと、冷蔵保存の機能性が高くなったことによるものです。

「常備菜」の代表選手のような、切り干し大根やひじきの煮つけなど、野菜の加工品や乾物類を使ったものに調味するときの塩分は、素材の重さ（乾物はもどした重さの）の2％くらいと覚えているとよいでしょう。（詳しくは本社刊『味つけの法則』をご覧ください）

和風・洋風・中国風　変身レシピのヒントも

それぞれの料理を紹介して下さった三人の料理家の方々には、編集部からの希望を伝え、ご自身の生活の中で実際に食卓にのせておられるものや、新しいレシピにとり組んで試作を重ねて下さったものを挙げて頂きました。また、常備のおかずを次回食卓にのせる際には、こんな風にもおいしく食べられますという展開料理のヒントも載せました。きっと読者の皆さまのお宅にも、いろいろな知恵と工夫から生まれた常備菜がおありかと思いますが、ここにご紹介する和・洋・中国風のおかずも、日常の食卓にべんりな一品として、家族のどなたにも喜んでいただけるものと思います。

まとめ調理でくり回しや展開を上手に

同じ手間と時間をかけるなら、少量ずつつくるのではなく、ことに煮こみなどは二、三単位分をまとめて一挙に火にかけた方が燃費もかからず、味よく仕上がります。

茹で豚や茹で鶏をまとめてつくり、いろいろな味に変化させたり（66／68／102／106頁など）、揚げものもどうせ油を使うなら、一回に沢山揚げて三分の一はすぐその日に食べ、あとは南蛮漬けやマリネにすれば違った二つの味を楽しめるなど、ほんのちょっとの手間で明日が、三日後がらくになります（64・82・99頁など）。

保存容器は

保存容器は近年、液もれ、臭いもれなしの密封性の高いものが開発されています。素材としては、硬質プラスチック製のものと強化・耐熱ガラス製のものが主流。ほかにステンレス製やアルミ製のものなどがあります。本体だけでなく蓋の材質もセラミックやプラスチックでも耐熱性の高いものなどもあります。環境への配慮と臭い移りしないなど使い勝手のことを考えれば、これからは、中が透けて見えるガラス製で、しっかり密閉できるものということでしょうか。冷蔵庫内で場所をとらないことなどから、重ねられることも考慮に入れて選ぶとよいでしょう。形は四角、長方形、円形など、また、大きさも大・中・小と、使う方の判断と選択でどうぞ。

保存食づくりは協同で

旬のものをその時季をのがさずつくろうとするとき、漬けるにしろ、煮こむにしろ、一度に沢山つくるからこその味と勢いがあるものです。そんなときは、同じ思いのもの同士、声をかけ合っての協力調理をおすすめします。友だち、共同住宅の仲間、保育園・幼稚園の保護者同士で、味噌の仕込みや煮豆づくり、カレールウ、オーブンで焼くミートローフなど、個人で少しずつ何回もつくるより、味もよく、調味料も燃料も経済的です。省エネルギー対策にもなりますし、お互いの情報交換で料理の腕も上がり、台所の交流から思いがけない発展があることでしょう。

これで「わたしの保存食」シリーズの三冊が揃いました。『漬けもの四季折々』、『四季のジャムと甘煮』、そしてこの『常備菜』です。季節の味覚をとれたてのうちに塩で漬けこんだり、砂糖で煮たりすることは、暮らしの中の歳事としてこれからも大切に、そして楽しんでしていきたいものです。毎日の生活に役立てていただけるようにと、二九〇種以上のレシピと実例を紹介いたしました。漬けもの、甘煮の本と共にご家庭でお使い頂ければ幸いです。

二〇〇二年春

婦人之友社編集部

新常備菜考……2

和風の常備菜

成瀬すみれ

野菜の常備菜

野菜たっぷりのつくりおき

いろいろ野菜のおかず
煮しめ……10
いろいろ野菜の南蛮漬け……11
いろいろ野菜の胡麻酢浸し……11
きんぴら大集合
ごぼうと人参のきんぴら……12
七福きんぴら……12
皮のきんぴら　茄子／うど／大根／さつま芋……13
生野菜を酢味に
菊花蕪……14
蕪と人参のアチャラ……14
胡瓜の甘酢漬け……14
コールスロー……15
白菜の酢油和え……15
加熱して酢味に
和風ザワークラウト……16
いろいろ野菜の酢炒め……16
酢蓮根……17
酢人参……17
酢ごんぼ……17

時季をのがさずつくりたい

春
蕗の薹味噌……18
蕗の薹の炒り煮……18
葉わさびの甘酢漬け……18
蕗の葉の炒め煮……18
蕗のドレッシング漬け……19
筍と蕗のじゃこ煮……19
●**木の芽ずし**……19
筍・人参・しらたきのこまぶし……20
蕗の土佐煮……20
夏
しし唐辛子とじゃこの炒め煮……21
セロリの葉の辛煮……21
茗荷の酢炒め……21
いんげんの当座煮……22
いんげんと茄子の味噌煮……22
夏野菜の焼き浸し……23
茄子味噌……23
秋
さつま芋の梅酒煮……24
さつま芋のレモン煮……24
さつま芋とごぼうの和風マリネ……24
たたき蓮根の旨煮……25
蓮根と帆立のしぐれ煮……25
三色蓮根……25
ごぼうとこんにゃくの味噌煮……26
ごぼうと豚肉のきんぴら煮……26
冬
大根葉と桜えびの炒め煮……27
蕪の葉のほろほろ……27
長葱のマリネ……27
大根と人参の中華風なます……28
カリフラワーと蓮根のアチャラ……28
マヨネーズサラダ4種
ポテト・ベーコン・玉葱……28
さつま芋・セロリ・レーズン……28
カリフラワー・豆・セロリ……29
南瓜・ツナ……29

野菜のヘルパー　——忙しいときに役立つ半調理

生野菜の酢漬け
人参の酢漬け……30
玉葱の酢漬け……30
ごぼうの酢漬け……30
●**タイ風照り焼き**……30
●**玉葱と苦瓜のサラダ**……31
●**いんげんとごぼうのサラダ**……31
茹で野菜の調味液浸け
人参とごぼうの調味液浸け……31
●**巻き鶏**……32
●**鰯天**……32
野菜の酒炒り
人参と玉葱の酒炒り……32
●**人参と春菊の和えもの**……33
●**ラーメンの具**……33
ひと塩野菜
ひと塩人参・ひと塩大根……33
●**ロールカツ**……33
●**大根のハムサンド**……33

乾物の常備菜

野菜の乾物・加工品

切り干し大根・高野豆腐・ぜんまいなど

切り干し大根の三杯酢……34
干し大根・大豆・昆布の醤油漬け……34
切り干し大根の中華炒め……34
煮なます……35
●**押しずし**……35
乾物の炊き合わせ……36
高野豆腐／干し椎茸／かんぴょう／
結び昆布／ぜんまい／湯葉／絹さや
芋がらと油揚げの炒め煮……37
切り干し大根の五目煮……37
山くらげの煮つけ……38
ぜんまいの煮つけ……38

こんにゃく・しらたき

ぴり辛煮／ぺらぺら煮……39
ちりちり糸こん／きんぴら煮……39

海藻

茎わかめ・海苔・刻み昆布など

茎わかめの炒め煮……40
海苔のあっさり佃煮……40
すき昆布と大豆の煮もの……40
刻み昆布と竹輪の煮もの……41
刻み昆布とにしんの煮つけ……41
松前漬け……41

昆布

鮭の昆布巻き……42
高野豆腐の昆布巻き……42
ミニ昆布巻き……42

だしをとったあとの昆布を使って

筍と昆布の梅干し煮……43
昆布・じゃこ・おかかの薄味煮……43
昆布と山椒の実の佃煮……43
椎茸昆布……43

ひじき

ひじきの五目煮……44
ひじきの梅干し煮……44
●**和風キッシュ**……44
●**変わり白和え**……45
●**エスニックサラダ**……45
●**まぜご飯**……45

魚介

煮干し・じゃこなど

こうなごの田作り……46
やわらか田作り……46
煮干しとナッツの田作り……46
ちりめんじゃこの実山椒煮……47
揚げじゃこ……47

豆・豆製品の常備菜

大豆・いんげん豆・花豆・黒豆など

七福豆／大豆の黄金煮……48
豆のピクルス……49
花豆・牛肉・こんにゃくの煮もの……49
甘煮　金時豆／虎豆／うぐいす豆／黒豆……50

油揚げ・高野豆腐・おからなど

油揚げのいなり煮……51
●**いなりずし**　●**びっくりいなり**……51
●**いなり巻き**……51
厚揚げのこってり煮……52
厚揚げのひりょうず……52
豆腐の味噌漬け揚げ……52
高野豆腐のほろほろ……53
おからのドライカレー……53

味噌

練り味噌3種……54
●**豆腐とこんにゃくの田楽**……54
●**里芋の胡麻味噌かけ**……54
●**あおやぎと分葱のぬた**……54
家庭でつくる味噌……55

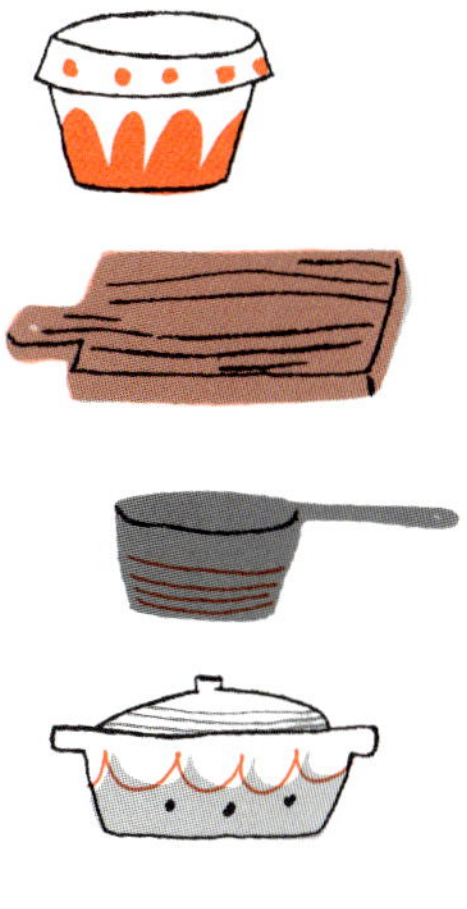

魚介の常備菜

酢じめ・昆布じめ
鯵の酢じめ……56
●**鯵と胡瓜の酢のもの**……56
しめ鯖……56
白身魚の昆布じめ……56
●**ひらめの昆布じめ**……57

漬ける・浸ける
粕漬け……57
西京漬け……57
鰆の幽庵焼き……58
かつおの焼き浸し……58

いか・かきなど
いかの塩辛……58
たこといかの和風マリネ……59
かきのオイル漬け……59
いかの粕味噌和え……59

煮る・蒸す
鰯の梅干し煮……60
さんまの辛煮……60
わかさぎの甘露煮……60
穴子の甘辛煮……61
●**卵焼き**……61
かつおの角煮……62
●**かつおのそぼろ**……62
生節……62
●**甘辛煮**……63

揚げ漬け
小鯵の南蛮酢……63
鯵の南蛮漬け……64
わかさぎの南蛮漬け……64

ふりかけ・そぼろ・でんぶ
昆布と削りがつおのふりかけ……47
鱈のでんぶ……64
鮭のそぼろ……65
八色ふりかけ……65

肉の常備菜

豚肉
茹で豚／ソース……66
豚肉の梅酒煮……66
揚げ煮豚……67
和風焼き豚……67
煮豚／煮卵……67

鶏肉
蒸し鶏……68
●**みどり酢和え／コチュジャンソースかけ**……68
●**胡麻酢和え**……68
●**トマトソース和え**……68
鶏肉の南蛮漬け……69
揚げ鶏の胡麻酢漬け……69
鶏手羽のソース煮……69

肉そぼろ
鶏そぼろ……70
●**鶏そぼろの春野菜煮**……70
牛そぼろ……70
●**三色べんとう**……70

肉味噌
大豆入り肉味噌……71
五目肉味噌……71
のし鶏（味噌松風）……71

牛肉
牛肉とごぼうのしぐれ煮……72
牛すじ肉の味噌煮こみ……72
牛すね肉の醤油煮……72

レバー
鶏レバーのしぐれ煮……73
●**和風レバーペースト**……73
牛レバーの味噌漬け……73

卵の常備菜
うずら卵の味噌漬け……74
●**冷や奴にちょっとのせ**……74
うずら卵のカレー味……74
温泉卵……74

洋風の常備菜

嶋田弥生

野菜の常備菜

焼き野菜
焼き野菜のマリネ……76
●ご飯のサラダ……76
保存のカレールウ……77
にんにくベース……77
●即席カレー……77

野菜のオイル漬け
じゃが芋のオイル漬け……78
●ホットポテトサラダ……78
茄子のオイル漬け……78
トマトのオイル漬け……79
●茄子とトマトのペンネ……79
ブロッコリーのオイル漬け……79
●パスタソース……80

いろいろ野菜の煮こみ
ラタトゥイユ……80
●白身魚のムニエル・ラタトゥイユソース……81
レンズ豆とチキン入りラタトゥイユ……81

魚介の常備菜

エスカベーシュ
基本のビネグレットソース……82
鰺(青魚)のエスカベーシュ……82
鯛(白身魚)のエスカベーシュ……82
鮭のエスカベーシュ……83
わかさぎ(小魚)のエスカベーシュ……83
帆立貝のエスカベーシュ……83

魚のマリネ
鰆のマリネトマト風味……84
いかのマリネ……84
白身魚のロールマリネ……85
魚介のトマト煮……86
●海の幸のピッツァ……86

豆の常備菜

豆の煮こみ
洋風煮豆……87
うずら豆のカレー……87

肉の常備菜

肉のマリネ
豚ロースのマリネ……88
●冷やし中華……88
牛もも肉のマリネ……89
牛タンの味噌マリネ……89

リエット風肉のオイル煮
豚もも肉のリエット風……90
●コロッケ……91
●ミートソース……91
●カナッペ……91

ミートローフ
野菜のミートローフ……92
豆腐のミートローフ……92
豆のミートローフ……92
鶏レバーのミートローフ……93

ペースト
レバーペースト……93

ベース・風味酢とオイル

野菜ベース・フルーツベース
にんにくベース……77
人参・玉葱／赤ピーマン／トマト……94
●肉料理のソース……94
りんご／プルーン／ワイン……94
●さつま芋の煮ものりんご風味……95
即席デミグラスソース……95

酢とオイルに風味づけ
青唐辛子・にんにく・小玉葱の風味酢……96
きんかん酢／ハーブ酢……96
スパイスオイル／オレンジオイル……96

中国風の常備菜

ウー・ウェン

野菜の常備菜

魚の常備菜

肉の常備菜

卵の常備菜

●印は展開料理です

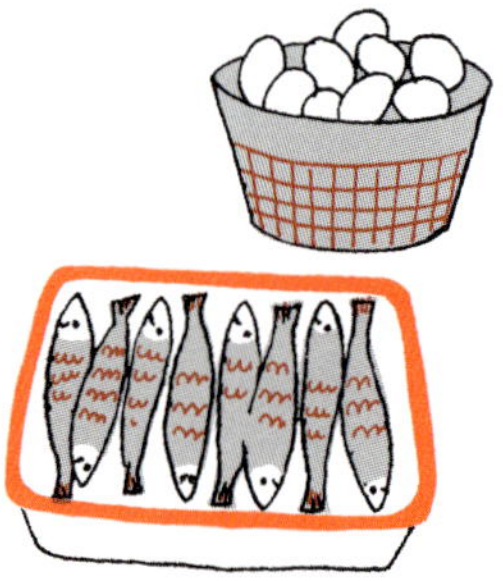

材料欄でことわりがないものは、4人分、又はつくりやすい分量の1単位です。カップ1杯は200cc、大匙1杯は15cc、小匙1杯は5ccです。

和風の常備菜

成瀬すみれ

「備えあればうれいなし」というとおり、野菜の甘酢漬け、乾物の炊き合わせ、煮豆など、冷蔵庫の中につくりおいたおかずがあると、今夜の食事はらくな気持ちで、短時間でととのえられます。ここにご紹介した和風の常備菜とその展開法は、祖母や母から、そして姑から伝えられたものに加えて、娘たちの世代へ伝えたい新たなレシピです。家族や生徒のみなさんに食べていただいて、おいしさと調理手順を確認したものばかりです。

なるせ・すみれ

日本料理研究家。自宅で料理と華道の教室を主宰。東京在住。

いろいろ野菜のおかず

煮しめ

一度にたっぷり煮て、2〜3日はおべんとうのおかずや、主菜に添えるもう一品として食べられる煮しめ。

材料

鶏もも肉……200g
里芋……5個
人参・ごぼう・蓮根……各100g
こんにゃく……1枚
干し椎茸……5枚
絹さや……少々
だし……1½カップ
酒・みりん……各大匙2
砂糖……大匙3
醤油……大匙5

つくり方

①鶏肉は一口大にそぎ切りにする。
②里芋は洗って上下を切り落とし、皮をむいて水に放し、塩少々加えて一度茹でこぼす。
③人参は皮をむいて乱切りにする。ごぼうはたわしでかるく洗って乱切りにし、薄い酢水にしばらく放して水洗いし、水けをきる。蓮根は皮をむき、乱切りにして酢水に放し、水洗いして水けをきる。
④こんにゃくは水から4〜5分茹でて水をきり、スプーンなどで一口大にちぎる。
⑤干し椎茸は水でもどして軸をとり、大きければ2〜4つに切る。
⑥絹さやは筋をとり、塩少々加えた熱湯で色よく茹でる。
⑦鍋に鶏の皮側を下にして並べ、火にかけて脂が出てきたら酒を回しかけ、絹さや以外の材料を入れ、だしと調味料を加えて強火で煮る。煮立ったら中火にして、ときどき上下を返しながら、汁けがなくなるまで煮る。絹さやを添えて盛りつける。

煮しめ

いろいろ野菜の南蛮漬け

素揚げした季節の野菜を南蛮酢に漬けこみます。冷蔵庫に入れておけば2～3日楽しめます。

材料

小茄子……5個
赤ピーマン……½個
蓮根……60g
南瓜……150g
ズッキーニ……小1本
南蛮酢
「酢……大匙5
だし……大匙6
薄口醤油……大匙1
塩……小匙⅓
みりん……小匙2
赤唐辛子（種をとり小口切り）1本
揚げ油……適宜

つくり方

①茄子は縦に包丁目を入れて茶筅《ちゃせん》茄子にする。赤ピーマンはへたと種をとって食べよく切る。南瓜はわたと種をとって薄切りにする。ズッキーニは5㎜厚さの輪切りにする。
②南蛮酢の調味料を合わせ、赤唐辛子を加えておく。
③鍋に揚げ油を中温に熱し、それぞれの野菜を素揚げ（蓮根は皮をむき、4～5㎜厚さに切った端から）にし、南蛮酢に漬けこむ。

いろいろ野菜の南蛮漬け

いろいろ野菜の胡麻酢浸し

覚えておくと重宝な合わせ調味料。野菜はこの中の1種類でも、2～3種類を組み合わせてもよいでしょう。

材料

さつま芋……50g
大根……200g
人参……80g
ごぼう……80g
セロリ……½本
胡麻酢
「煎り胡麻（白）……大匙6
砂糖……大匙2
みりん……大匙1
酢……大匙4
薄口醤油……小匙2

つくり方

①野菜はさつま芋だけは皮つきで、全て3㎜厚さの短冊切りにし、さつま芋とごぼうは水に放す。
②胡麻をすって調味料を加え、胡麻酢をつくる。
③湯をたっぷり沸かし、セロリをさっとくぐらせて胡麻酢に浸す。続いて大根、人参、さつま芋、ごぼうの順に、歯ごたえを残して茹で、茹で上がったものから湯をきって胡麻酢に浸す。半日から1日位で味がしみる。

いろいろ野菜の胡麻酢浸し

きんぴら大集合

野菜を炒めて基本の調味料をからめる「きんぴら」は、常備菜のベスト3に入るおかずでしょう。野菜同士をとり合わせたもの、野菜と動物性蛋白質をくみ合わせたものなど、自由に応用できます。

きんぴらの基本の調味料　1単位

野菜150gに対して

酒……………小匙2
みりん…………大匙1
醤油…………大匙1½
胡麻油…………小匙2

ごぼうと人参のきんぴら

材料

ごぼう……………100g
人参……………50g
基本の調味料………1単位
七味唐辛子…………適宜

つくり方

①ごぼうはたわしでかるく洗い、縦に切り目を入れてささがきにする。薄い酢水に放して、茶色いあくが出たら水洗いし、水けをきっておく。

②人参は皮をむき、縦に切り目を入れてささがきにする。

③鍋に基本の調味料の胡麻油を入れ、ごぼうと人参を炒め、しんなりしたら他の調味料を加え、汁けがなくなるまで炒め煮する。器に盛り、七味唐辛子をふる。

ごぼうと人参のきんぴら

七福きんぴら

7種類の野菜を使ったきんぴらです。ぜんまいとしし唐辛子を入れずに五目きんぴらでもよいでしょう。

材料

人参・ごぼう……………各150g
蓮根……………80g
干し椎茸……………4枚
ぜんまい（水煮）・糸こんにゃく…各50g
しし唐辛子……………4本
サラダ油……………大匙1
酒・みりん…………各大匙2
醤油……………大匙3
砂糖……………大匙1
赤唐辛子（種を除き小口切り）…少々

つくり方

①皮をむいた人参、たわしでかるく洗ったごぼうを4cm長さに切って、せん切りにする。ごぼうは薄い酢水に放し、水が茶色になったら水洗いして水けをきっておく。

②蓮根は皮をむき、薄い輪切りにして酢水に放し、水洗いして水けをきる。

③干し椎茸はたっぷりの水でもどし、軸をとって薄切り。ぜんまいは4cm長さに、糸こんにゃくは水から茹でて水にとり、4cm長さに切り整える。しし唐辛子は縦半分に切って種を除き、せん切りにしておく。

④鍋にサラダ油を熱し、しし唐辛子、蓮根、赤唐辛子以外の材料を入れて中火でよく炒め、油がなじんだら赤唐辛子と蓮根を加えてひとまぜし、調味料を入れて炒め煮していく。汁けが少なくなりかけたら、しし唐辛子を加えてさらに煮汁をからめ、汁けがなくなるまで炒り煮する。

七福きんぴら

上から／茄子の皮／大根の皮／さつま芋の皮／うどの皮

皮のきんぴら4種

ふだんは捨ててしまいがちな野菜の皮も、こうしてきんぴらにするとりっぱなおかずです。切ってからちょっと日に当てて乾かす（うど以外）と、甘みが増して、よりおいしくなります。

茄子の皮のきんぴら

材料

茄子の皮……………150g（5本分）
白胡麻……………………少々
基本の調味料……………1単位

つくり方

①茄子の皮は、せん切りにする。
②胡麻油で炒めて調味し、汁けがなくなるまで炒り煮する。胡麻をふる。

うどの皮のきんぴら

材料

うどの皮………150g（うど約1本分）
赤唐辛子（種を除きせん切り）…少々
基本の調味料……………1単位

つくり方

①うどは包丁の先でうぶ毛をこそげとり、3～4cm長さに切って皮を厚くむき、縦にせん切りにする。薄い酢水に放してあくをぬき、水洗いして水けをきっておく。
②胡麻油で炒めて調味し、赤唐辛子を加え、汁けがなくなるまで炒り煮する。

大根の皮のきんぴら

材料

大根の皮………………150g
実山椒の佃煮……………少々
基本の調味料……………1単位

つくり方

大根の皮は4cm長さの細切りにし、胡麻油で炒めて調味し、汁けがなくなるまで炒り煮する。実山椒の佃煮少々をまぜ合わせる。

さつま芋の皮のきんぴら

材料

さつま芋の皮……………100g
黒胡麻……………………適量
基本の調味料……………1単位

つくり方

①厚くむいたさつま芋の皮は3cm長さの細切りにする。
②胡麻油で炒めて調味し、汁けがなくなるまで炒り煮する。黒胡麻をまぜて器に盛る。

生野菜を酢味に

菊花蕪

おせちやお客料理に、おべんとうにもよい菊花蕪。合わせ酢はだしを加えてやわらかい味に。

材料

蕪……………………小5個
酢・だし…………各⅔カップ
砂糖………………大匙3
赤唐辛子……………1本

つくり方

①蕪は葉と茎を切り落として、皮をむく。茎の方を下にして、割り箸を当て、下まで切り落とさないように細かく縦横に包丁目を入れ、塩水(水2カップに塩小匙2強をとかす)に20分ほどつけてしんなりさせる。

②酢、だし、砂糖、種をぬいてていねいに小口切りにした赤唐辛子を合わせ、水けをしぼった蕪を半日ほど漬けこむ。

③蕪の酢をしぼって、指先で菊の花のようにひろげ、赤唐辛子を中心に飾る。

下から／菊花蕪／蕪と人参のアチャラ／胡瓜の甘酢漬け

蕪と人参のアチャラ

甘酢に野菜を漬けこんだものをアチャラ漬けといいます。アチャラの語源はポルトガル語とか。蓮根、大根などもよいでしょう。

材料

蕪……………………150g
人参…………………50g
塩(材料の重さの2%)……小匙1弱
酢……………………½カップ
砂糖…………………大匙2

つくり方

①蕪は茎を少し残して皮をむき、大きければ半分にして薄切りに、人参は皮をむいて薄い輪切りにする。

②蕪と人参に塩をしてまぜておく。

③酢と砂糖をひと煮立ちさせて冷まし、蕪と人参をかるくしぼって漬けこむ。

胡瓜の甘酢漬け

ピクルススパイスがなければ、ベイリーフ、粒胡椒、赤唐辛子を加えて下さい。

材料

胡瓜（細いもの）……………300g
酢……………………2カップ
砂糖…………………1カップ
塩……………………小匙1
ピクルススパイス…………大匙1

つくり方

①胡瓜は洗って丸ごと容器に入れておく。
②酢、砂糖、塩を合わせて煮立て、熱々を胡瓜に注ぎ、ピクルススパイスを加える。
③半日後から食べられる。

コールスロー

キャベツを主体にしたせん切り野菜の和えもの。蒸し昆布も加えて和風にしました。

材料

キャベツ……………………200g
人参……………………30g
玉葱……………………½個
ピーマン…………………1個
セロリ……………………½本
蒸し昆布…………………15g
塩……………………小匙½
マヨネーズ………………⅓カップ

つくり方

①キャベツ、人参、玉葱、ピーマン、セロリはせん切りにする。
②野菜に塩をしてまぜ、蒸し昆布を加えてマヨネーズで和える。

コールスロー

白菜の酢油和え

熱々のオイルをかけることで、下味をつけた野菜の旨みが増します。白菜以外ではキャベツ、大根、セロリ、人参、胡瓜、蕪などでつくります。

材料

白菜……………………200g
人参……………………50g
セロリ……………………50g
赤唐辛子（種を除き2〜3つに切る）
……………………………1本
生姜（せん切り）…………1片
砂糖……………………大匙2
酢……………………大匙2
胡麻油…………………大匙1
サラダ油…………………大匙1
実山椒の佃煮（47頁参照）……小匙½

つくり方

①白菜は5cm長さに切って、縦に1cm幅に切る。人参、セロリは白菜に合わせて切る。
②ボウルに野菜を入れ、赤唐辛子と生姜を加え、砂糖、酢、胡麻油を入れてよくまぜる。
③サラダ油に実山椒を加えて熱したら、熱々を野菜の上から注ぐ。

白菜の酢油和え

加熱して酢味に

和風ザワークラウト

キャベツと蕗でつくるザワークラウト風の和えものです。

材料

キャベツ……200g
蕗（茹でたもの）……40g
だし……1カップ
酢……大匙2
薄口醤油……大匙1
塩……少々
パプリカ……少々

つくり方

①キャベツは5㎜幅のせん切りに、蕗は斜めに切る。
②鍋にキャベツを入れ、だしとパプリカ以外の調味料を加えて中火にかけ、キャベツがしんなりとし、水けが少し残る位になったら蕗を加え、完全に汁けをとばしながら煮る。盛りつけてパプリカをふる。

和風ザワークラウト

いろいろ野菜の酢炒め

野菜を炒めて調味料で味をなじませます。2～3日後から酢がなれて、味がまろやかになります。

材料

人参・蓮根・大根……各50g
蕪……1個
しめじ……1パック
小玉葱……4個
サラダ油……大匙1
酢……大匙5
砂糖……大匙2
塩……小匙1/2

つくり方

①人参、蓮根、大根、蕪は皮をむいて薄い輪切りにし、蓮根は酢水に放す。しめじは石づきを切って、ほぐしておく。小玉葱は7～8㎜の輪切りにする。
②鍋にサラダ油を入れて、野菜全部を入れ、強火でさっと炒め、調味料を加えて味をなじませたらすぐ火を消し、かために仕上げる。

いろいろ野菜の酢炒め

酢蓮根

茹で蓮根を合わせ酢に浸けます。

材料

蓮根……100g
合わせ酢
　だし・酢……各½カップ
　砂糖……大匙2
　塩……少々

つくり方

①蓮根は皮をむき、7～8㎜厚さの輪切りにして花蓮根に切りそろえ、酢水（分量外）につける。
②蓮根を水から茹で、沸騰して蓮根の色が変わったらざるにとり、熱々を合わせ酢に浸ける。
・保存は合わせ酢に浸けたまま容器に入れ、冷蔵庫で。

酢蓮根と酢人参（花形に切りました）

酢人参

切り方は、花形、輪切り、短冊、拍子木など、好みに。

材料

人参……100g
酢……大匙2
砂糖……大匙1
塩……小匙¼

つくり方

①人参は5㎜厚さの輪切りにし、花型で抜いて梅型に切りととのえ、水からかために茹でる。
②鍋に調味料を煮立て、人参を入れて2～3分煮る。

酢ごんぼ

酢ごんぼ

歯ごたえよく茹でたごぼうを酢のきいた合わせ調味料に浸けます。

材料

ごぼう……300g
合わせ調味料
　だし……180cc
　酢……200cc
　砂糖……大匙4
　薄口醤油……大匙½
　塩……小匙1
黒胡麻……適宜

つくり方

①ごぼうは5㎜角で5㎝長さの棒状に切り、少量の酢（分量外）を落とした水で、沸騰後1～2分茹で、熱いうちに合わせ調味料に浸ける。
②2時間ほど浸けたらひき上げ、黒胡麻をたっぷりまぶす。
・冷蔵庫で1週間はもつので、お正月料理の一品としてもよいものです。

時季をのがさずつくりたい 春

奥から／葉わさびの甘酢漬け／蕗の薹味噌（右）／蕗の薹の炒り煮

蕗の薹《とう》味噌

早春を告げる蕗の薹の香りとほろ苦さを楽しみましょう。

材料

蕗の薹……………………70g
胡麻油………………大匙⅔
酒・みりん…………各大匙1
砂糖…………………大匙2
味噌…………………大匙5

つくり方

①蕗の薹は熱湯で茹でて水にとり、30分～1時間ほどさらす。
②鍋に胡麻油を回し入れ、水けをしぼってみじん切りにした蕗の薹を炒め、調味料を入れてぽってりするまで練る。

蕗の薹の炒り煮

材料

蕗の薹……………………70g
酒……………………大匙1½
醤油…………………大匙3
みりん………………小匙1

つくり方

①鍋に調味料を煮立て、茹でて水にさらした蕗の薹（茹で方は蕗の薹味噌と同じ）の水けをよくしぼって入れ、汁けがなくなるまで炒り煮する。

葉わさびの甘酢漬け

春に出回る白い花をつけたわさびの葉を甘酢漬けにしました。

材料

葉わさび………………2束
甘酢
　酢…………………大匙4
　砂糖………………大匙2
　薄口醤油…………小匙1⅓

つくり方

①葉わさびは2cmに切ってざるに入れ、熱湯を均等に回しかけ、冷水にとって水けをきり、塩少々でもんで素早く容器に入れ、密封する。30分位するとわさびの辛みがたってくる。
②甘酢に漬けて保存する。

蕗の葉の炒め煮

蕗の葉は捨ててしまわず、こうして炒め煮にしておくと、箸休めやおべんとうのおかずになります。

材料

蕗の葉…………………3枚
酒・醤油……………各大匙1
みりん………………大匙½
サラダ油……………大匙½
煎り胡麻……………適量

つくり方

①蕗の葉のきれいなところをたっぷりの熱湯で茹でて水にとり、30分ほどつけてあくぬきをしておく。水けをしぼって、2～3cm長さのせん切りにする。
②鍋に油をひいて蕗の葉をよく炒め、酒、醤油、みりんを加えてさらに炒め、汁けがなくなるまで煮る。胡麻をふる。

蕗の葉の炒め煮

蕗のドレッシング漬け

蕗とマッシュルームをレモンドレッシングに漬けます。

材料

茹でた蕗（茹で方20頁土佐煮参照）…2本
マッシュルーム…1パック
レモン汁…½個分
ドレッシング
「オリーブオイル…大匙4
　レモン汁…大匙2
　塩・胡椒…各少々
クレソン…少々

つくり方

①蕗は皮をむいて3㎝長さに切り、ドレッシングに漬ける。
②マッシュルームは石づきをとって2〜3㎜厚さに切り、レモン汁をかけておく。
③ドレッシング漬けの蕗にマッシュルームを加えまぜ、食べる間際にクレソンを散らす。

蕗のドレッシング漬け

筍と蕗のじゃこ煮

筍のかたい部分と蕗、ちりめんじゃこを煮合わせます。炒め煮にしてもおいしいものです。

材料　でき上がり3〜4カップ分

茹で筍（かたい部分）…300g
茹でた蕗…200g
ちりめんじゃこ…1カップ
だし…2カップ
塩…小匙1
薄口醤油…大匙3
木の芽…少々

つくり方

①筍は2㎝長さのマッチ棒状に切り、だしと調味料で煮る。
②煮汁が⅓ほどになったら、小口切りにした蕗を加えてさっと煮、じゃこを加えて火を止め、味を含ませておく。
・木の芽を添えて盛りつける。

筍と蕗のじゃこ煮と木の芽ずし

●筍と蕗のじゃこ煮を使って

木の芽ずし

酢めしに筍と蕗のじゃこ煮と木の芽をたっぷり合わせた、香りのよいまぜずしです。

材料

米2カップ　水2カップ　昆布（10㎝）
合わせ酢（酢¼カップ　砂糖大匙3　塩小匙½）
じゃこ煮の煮上がり1½〜2カップ
木の芽約1カップ
錦糸卵（卵2個　砂糖・塩各少々）

つくり方

①炊きたてご飯に合わせ酢を回しかけ、酢めしをつくる。
②酢めしに汁けをきったじゃこ煮と、木の芽の葉だけをちぎってたっぷりまぜ合わす。
③錦糸卵（35頁参照）をつくってのせ、木の芽を散らす。

筍・人参・しらたきのこまぶし

春

筍・人参・しらたきのこまぶし

筍の根元に近いかたい部分のせん切りと、人参、しらたき、たらこを炒りつけたやさしい色合いの一品です。

材料

茹で筍（かたい部分）……100g
人参……80g
しらたき……1玉
生姜（せん切り）……1片
塩たらこ……1はら
酒……大匙1
薄口醤油……大匙1
サラダ油……大匙1

つくり方

①筍は輪切りにしてから、せん切りにする。
②人参は筍にそろえて5㎝長さのせん切りにする。
③しらたきは水から5分茹でて水にとり、5〜6㎝長さに切る。
④鍋にサラダ油を温め、しらたきを炒め、しらたきの水分がなくなったら、筍、人参、生姜を加えて油をなじませ、酒と醤油を加えて弱火で炒りつける。
⑤八分通り煮えたら、たらこの皮をはずして加え、全体にたらこがゆきわたって、水分がなくなるまで炒り煮する。

蕗の土佐煮

土佐煮はかか煮ともいいます。削りがつおを厚手鍋に入れ、弱火で焦がさないようにパリパリになるまで煎っておきます。このかつお節を、用途に合わせて、手でさらに細かくもんでまぶすこともあります。

材料

蕗……150g
だし……½カップ
酒……大匙1
砂糖……大匙1
みりん……小匙2
醤油……大匙2
削りがつお……½カップ

つくり方

①蕗は鍋に入る長さに切って洗い、まな板の上で塩（分量外）をたっぷりふって板ずりする。
②たっぷりの熱湯で2〜3分茹で、弓のようにしなったら水にとる。
③皮をむき、3㎝長さに切り揃えた蕗を鍋に入れ、だしを加えて火にかけ、温まったら調味し、中火で煮汁がなくなるまで炒り煮し、最後にから煎りした削りがつおをまぶす。
・写真では木の芽を散らしました。

蕗の土佐煮

夏

しし唐辛子とじゃこの炒め煮

しし唐辛子とじゃこの炒め煮

しし唐辛子のかわりに緑や黄色のピーマンでつくってもよいでしょう。

材料

しし唐辛子……150g
赤ピーマン……¼個
ちりめんじゃこ……30g
サラダ油……大匙2
砂糖・醤油……各大匙1½

つくり方

①しし唐辛子はへたをとり、縦に切り目を入れて種をとる。
②赤ピーマンも種をとり、1cm角に切る。
③しし唐辛子とピーマンを油で炒め、じゃこを加えて油がなじんだら砂糖と醤油で調味し、汁けがなくなるまで炒りつける。

セロリの葉の辛煮

セロリの葉の辛煮

セロリの葉の部分を炒り煮にしておくと、箸休めにもよいものです。

材料

セロリの葉……80g（約3本分）
ベーコン（薄切り）……1枚
酒……小匙1
醤油……小匙2

つくり方

①セロリの葉は2cm位のざく切りに、ベーコンは小さく切る。
②鍋にベーコンを入れ、弱火でから炒りし、脂がにじみ出たところで葉を加えて炒め、酒と醤油で味をととのえる。
・ベーコンのかわりにちりめんじゃこでもよいでしょう。

茗荷の酢炒め

茗荷の酢炒め

つけ合わせに、ちょっと欲しくなる酢味の一品。

材料

茗荷……100g
酢……大匙2
砂糖……小匙1
薄口醤油……大匙1

つくり方

①茗荷は縦4つに切る。
②鍋に酢、砂糖、醤油を合わせてひと煮立ちさせ、茗荷を入れて汁けがなくなるまで、中火弱で炒りつける。

夏

いんげんの当座煮

いんげんをいったん茹でてから、炒り煮にします。

材料

いんげん……200g
だし……大匙3
砂糖……大匙1
みりん……大匙1
醤油……大匙2
赤唐辛子……1本

つくり方

①いんげんは筋をとり4～5cm長さに切って、塩少々を入れた熱湯で茹でる。
②赤唐辛子は種をとり、小さく切る。
③鍋にだし、調味料、いんげん、唐辛子を入れて火にかけ、煮汁がなくなるまで炒り煮する。
・いんげんを半日位干してから、または油で素揚げしてから、同じように煮てもおいしいものです。

いんげんの当座煮

いんげんと茄子の味噌煮

油炒めしたいんげんと茄子の味噌味仕上げ。

材料

いんげん……150g
茄子……4～5個
酒……大匙2
だし……1¼カップ
醤油……大匙1
砂糖・みりん……各大匙½
味噌……大匙2
胡麻油……大匙2

つくり方

①いんげんは筋をとって3～4つに切っておく。
②茄子は大きめの乱切りにする。
③鍋に胡麻油を熱して茄子を炒め、油が全体に回ったら、いんげんを加えて油をなじませる。酒を回しかけてだしを加え、砂糖、醤油、みりんを入れてひと煮し、味噌で味をととのえる。
④いんげん、茄子が柔らかくなったら、火を止めて味を含ませる。

いんげんと茄子の味噌煮

夏野菜の焼き浸し

夏野菜を網で焼き、だし割り醤油に浸けます。野菜は季節によっていろいろに。

材料

青唐辛子……5本
オクラ……5本
茄子……1個
グリーンアスパラガス……3本
長葱……½本
だし……1½カップ
薄口醤油……大匙3

つくり方

①だしと醤油を合わせておく。
②青唐辛子は軸が長ければ切り揃えておく。オクラはへたつきのまま、がくの固いところを切りとり、塩(分量外)をまぶして表面のうぶ毛をこすりとる。
③茄子は縦に4～6つに切る。
④葱は4～5㎝長さに切る。アスパラは根元を切って半分にする。
⑤野菜を焼き網の上にのせ、ほどよく焦げ目がついて柔らかくなったら、熱いうちにだし割り醤油に浸けていく。保存は浸けたまま冷蔵庫で。

夏野菜の焼き浸し

茄子味噌

白いご飯にのせて食べると格別な、夏らしい一品。

材料

茄子……5個
生姜(みじん切り)……大匙1
青唐辛子(みじん切り)……1本
胡麻油……大匙2
味噌……大匙2
煎り白胡麻……適宜
青じその葉(せん切り)……適宜

つくり方

①茄子は皮をむいて5㎜角の粗みじんにし、水につける。
②厚手鍋に胡麻油を熱して弱火で生姜を炒め、水けをきった茄子と青唐辛子を加えて、茄子が透明になってきたら、味噌を加えてよく練り合わせる。
③白胡麻を加え、青じそのせん切りを添える。
・好みで、細かく刻んだ梅干しの果肉を混ぜてもよいでしょう。

茄子味噌

秋

さつま芋の梅酒煮

梅酒の甘みでこくが出ます。

材料

さつま芋……………300g
梅酒……………1/2カップ
水……………1/4カップ
砂糖……………大匙2
薄口醬油……………小匙1

つくり方

①さつま芋はよく洗って、1.5cm厚さの輪切りにし、水から茹でて、一度茹でこぼす。
②さつま芋を梅酒と水でひたひたになる位にし、砂糖を加え、中火で煮る。汁けがなくなってきたら、薄口醬油を加えてひと煮する。

上から／さつま芋の梅酒煮／さつま芋のレモン煮

さつま芋のレモン煮

レモンの酸味が加わる上、色よく煮上がります。

材料

さつま芋……………400g
レモン……………1/2個
砂糖……………大匙4
醬油……………小匙1

つくり方

①さつま芋は皮をむいて輪切りにし、さらに4等分に切って水から茹で、沸騰したら茹でこぼす。
②さつま芋にかぶる位の水を加えて火にかけ、煮立ったら薄切りにしたレモンと砂糖を加え、柔らかくなるまで煮る。
③水けがなくなり始めたら醬油を入れ、鍋を返しながら味を含ませる。

さつま芋とごぼうの和風マリネ

さつま芋とごぼうの和風マリネ

ちょっと変わったとり合わせのマリネ。歯ごたえを残して茹でます。

材料

さつま芋（細め）……………100g
ごぼう……………80g
マリネ液
酢……………大匙4
薄口醬油……………大匙2
砂糖……………小匙2
だし……………大匙3
サラダ油……………大匙1
塩……………少々
胡椒……………適宜

つくり方

①ごぼうとさつま芋は洗ってそれぞれ3～4cmの斜め薄切りにし、切った端から水に放してあく止めする。
②マリネ液の材料を合わせておく。
③ごぼうとさつま芋はそれぞれ水からかために茹で、熱いうちにマリネ液に漬ける。2～3日おくと味がなじむ。
④盛りつけてたっぷり胡椒をふる。

たたき蓮根の旨煮

蓮根はすりこぎでたたくので、味がしみやすくなります。

材料

蓮根……500g
胡麻油・サラダ油……各大匙1
赤唐辛子（種をとり、ちぎる）…小1本
だし……2½カップ
砂糖……大匙2
醬油……大匙4
水あめ（又はみりん小匙2）…大匙1

つくり方

①蓮根は皮をむいて半分に切り、すりこぎでたたいてから手でちぎり、薄い酢水に放し、あく止めして水洗いし、水けをきっておく。
②鍋に胡麻油とサラダ油を入れて蓮根を炒め、蓮根の周りに透明感が出たら、赤唐辛子とだしを加え、沸騰するまで強火で、後は弱火にして30分ほど煮る。
③砂糖と醬油を加え、煮汁がなくなるまで煮る。おろし際に水あめを回しかけ、火を強めて全体をからめる。

たたき蓮根の旨煮

蓮根と帆立のしぐれ煮

帆立の旨みが蓮根の味を引き立ててくれます。

材料

蓮根……300g
帆立貝柱水煮（缶詰）……小1缶
生姜（せん切り）……1片分
薄口醬油……大匙2
酒……大匙1

つくり方

①蓮根は皮をむき、厚さ7～8㎜のいちょう切りにして、薄い酢水に放し、水洗いしておく。
②鍋に帆立を缶汁ごと入れ、蓮根と生姜を加えて煮立て、調味料を加えて中火弱にし、汁けがなくなるまで煮る。針生姜（分量外）を盛る。

蓮根と帆立のしぐれ煮

三色蓮根

赤梅酢でピンクに、カレー粉で黄色に、醬油で黒く仕上げる酢蓮根。

材料

蓮根……それぞれ100g
梅酢味
（赤梅酢大匙2　砂糖小匙1）
カレー味
（酢大匙2　カレー粉・砂糖各小匙½　酒小匙1）
醬油味
（酒大匙1　醬油・みりん各小匙1）

つくり方

蓮根は皮をむいて薄切りにし、薄い酢水に放してあく止めし、水をきってそれぞれの調味料を加え、汁けがなくなるまで炒り煮する。

三色蓮根

野菜

秋

ごぼうとこんにゃくの味噌煮

ご飯のおかずにぴったりの味噌味の当座煮です。

材料

ごぼう……150g
こんにゃく……1枚
だし……約1カップ
醤油・みりん……各大匙1
砂糖……大匙3
味噌……大匙3
赤唐辛子（種をとり小口切り）…½本

つくり方

①ごぼうはたわしでかるく洗い、2cmの筒切りにして水に放す。こんにゃくは水から茹でてあくをぬき、厚さを半分にしてから、裏表に細かい格子目を入れ、ごぼうの長さに合わせて切る。

②鍋にこんにゃくを並べ、から炒りして水けをとり、ごぼうを加えてだしをひたひたに注ぎ、煮立ったら味噌以外の調味料と赤唐辛子を加え、中火弱で煮る。

③煮汁が⅓程度になったら、味噌を煮汁でのばして加え、汁けが少なくなったら、鍋をゆすって味噌をからめる。

ごぼうとこんにゃくの味噌煮／ごぼうと豚肉のきんぴら煮

ごぼうと豚肉のきんぴら煮

いつものきんぴらごぼうに豚肉を加えて。おべんとうのおかずにもよいでしょう。

材料

ごぼう……150g
人参……100g
豚薄切り肉……200g
サラダ油・胡麻油……各大匙1
酒・みりん……各大匙1
砂糖……大匙2
醤油……大匙3
水……¼カップ
煎り胡麻……適宜

つくり方

①ごぼうはかるくたわしで洗って、マッチ棒状に切り、薄い酢水につけて水洗いし、水けをきっておく。

②人参は皮をむいて拍子木切りにする。

③豚肉は一口大に切る。

④鍋にサラダ油と胡麻油を入れ、豚肉を炒める。肉の色が変わったら、ごぼうと人参を加えて油がなじむまでよく炒め、酒から順に調味料を加えてひとまぜし、水を加えて汁けがなくなるまで炒り煮にする。

⑤盛りつけて胡麻をふる。

冬

大根葉と桜えびの炒め煮

大根の葉は捨てずに茹でて細かく刻み、桜えびや油揚げ、ちりめんじゃこと炒り煮にしましょう。

材料

大根葉……300g
干し桜えび……60g
酒・みりん……各大匙1
醤油……大匙2
サラダ油……大匙1

つくり方

①大根葉はよく洗って四つ切りにし、たっぷりの湯で茹でて水にとってしぼり、細かく切る。
②鍋にサラダ油をひき、大根葉を入れてよく炒める。調味料を加え、味をなじませたらえびを加え、汁けがなくなるまで炒り煮する。

下から／大根葉と桜えびの炒め煮／蕪の葉のほろほろ

蕪の葉のほろほろ

蕪の葉を、茹でてから細かく刻んで炒りつけ、焼き味噌で味をつけました。

材料

蕪の葉……3株分
しらす干し……30g
松の実……15g
酒・みりん・醤油……各大匙1
赤味噌または八丁味噌……約15g（梅干し大）
サラダ油……大匙1

つくり方

①蕪の葉は茹でて水にとり、かたくしぼって細かく刻む。
②サラダ油で蕪の葉をよく炒め、酒をふって、しらす干しと松の実を加え、みりん、醤油で味をととのえる。
③味噌を梅干し大に丸め、フォークなどにさして直火にかざし、焼きめがついたところからかきとり、蕪の葉と合わせる。

長葱のマリネ

冬においしい葱をマリネ液で煮ます。葱が柔らかければ青い部分も大丈夫ですが、酢が入るので、色は変わります。

材料

長葱……4本
マリネ液
　だし・酢……各1/3カップ
　みりん……大匙2
　砂糖……小匙1
　オリーブオイル……大匙1
　塩……小匙1/4
ピンクペッパー……少々

つくり方

①葱は10cm長さに切りそろえる。
②マリネ液の調味料を合わせて煮立て葱を入れ、弱火で20分ほど煮る。
③冷めてからピンクペッパー（なければ白でも黒でも適当に）を加える。

長葱のマリネ

大根と人参の中華風なます／カリフラワーと蓮根のアチャラ

大根と人参の中華風なます

大根、人参、胡瓜、ハムを中華風の酢味に仕上げます。

材料

大根……………………400g
人参……………………40g
塩……………………大匙2/3弱
砂糖……………………大匙2
酢……………………大匙3
胡瓜……………………1本
ハム(薄切り)……………4枚
きくらげ……………………1枚
胡麻油……………………大匙1
薄口醤油……………………小匙1

つくり方

①大根と人参は3～4cm長さに切って皮をむき、せん切りにする。
②塩をしてもみながらしんなりさせ、かるくしぼって砂糖と酢で味をととのえ、よくまぜてなますをつくる。
③胡瓜とハムはせん切りにする。
④きくらげは水でもどし、石づきをとってせん切りにし、茹でておく。
⑤人参と大根のなますに胡瓜とハムときくらげを加え、胡麻油と薄口醤油を加えてよくまぜてなじませる。

カリフラワーと蓮根のアチャラ

冬野菜同士をとり合わせた甘酢漬け。

材料

カリフラワー……………………200g
蓮根……………………100g
甘酢
　酢……………………大匙5
　砂糖……………………大匙2
　塩……………………ひとつまみ
　赤唐辛子(種をとって小口切り)…少々

つくり方

①甘酢の材料を合わせておく。
②カリフラワーは小房に分け、酢少々(分量外)を落とした湯でかために茹で、熱いままを甘酢に漬ける。
③蓮根も皮をむいて輪切りにし、同じ湯でかために茹で、熱いままを漬けこむ。

マヨネーズサラダ4種

じゃが芋、さつま芋、カリフラワー、南瓜を使った茹で野菜のサラダ。冷蔵庫で保存すれば3～4日もちます。

ポテト・ベーコン・玉葱

かるくつぶしたポテトと、カリカリベーコン、炒め玉葱を合わせます。

材料

じゃが芋……………………大3個
ベーコン(薄切り)……………80g
玉葱……………………(小)1個
ビネグレットソース…………大匙2
塩・胡椒……………………各少々
マヨネーズ……………………2/3カップ

つくり方

①じゃが芋は半分に切って柔らかく茹で、皮をむいてマッシャーで粗くつぶし、熱いうちにビネグレットソースで和え、塩、胡椒する。
②ベーコンは1cm幅に切って、フライパンでカリカリに炒め、紙の上に広げておく。脂は少し残しておく。
③玉葱は薄切りにし、残したベーコンの脂できつね色になるまで炒める。
④①のじゃが芋と炒めた玉葱をマヨネーズで和え、ベーコンを加えてひとまぜする。

・盛りつけにセルフィーユを添えて。できれば温かいうちにどうぞ。
・ビネグレットソース(酢50cc オイル150cc 塩小匙1/2 胡椒少々)

さつま芋・セロリ・レーズン

ヨーグルト入りのマヨネーズで和えたサラダ。

上から／ポテト・ベーコン・玉葱／さつま芋・セロリ・レーズン／南瓜・ツナ／カリフラワー・豆・セロリ

材料

さつま芋……………………300g
セロリ……………………1本
レーズン……………………½カップ
マヨネーズ……………………大匙4
ヨーグルト……………………大匙3
塩……………………ひとつまみ
胡椒……………………少々
ビネグレットソース……………………大匙1

つくり方

①さつま芋は1cm角に切り、切った端から水に放す。水けをきって鍋に入れ、かぶるほどの水に塩ひとつまみ加えて中火にかけ、柔らかくなるまで茹で、水分をとばす。

②温かいうちにビネグレットソースをなじませておく。

③セロリは筋をとって1cm角に切る。レーズンはさっと洗って水けをきっておく。

④下味をつけたさつま芋、セロリ、レーズンをマヨネーズとヨーグルト、胡椒で和える。

カリフラワー・豆・セロリ

かためにに茹でたカリフラワー、好みの豆（缶詰でよい）、セロリを、おろし玉葱入りのマヨネーズで和えます。

材料

カリフラワー……………………200g
豆（白いんげん豆、ひよこ豆、キドニービーンズの3種入りドライパック1缶120g）……………………2缶
セロリ……………………½本
玉葱（すりおろし）……………………大匙3
粒マスタード……………………大匙1
マヨネーズ・酢……………………各大匙2
オリーブオイル……………………大匙3
塩・胡椒・砂糖……………………各少々

つくり方

①カリフラワーは小房に分け、酢少々（分量外）を落とした熱湯にさっと通す。

②豆は熱湯を通して、水けをきる。

③セロリは筋をとり1cm角に切る。

④ボウルに玉葱と調味料を合わせてよくまぜ、カリフラワー、豆、セロリを和えて、味をなじませる。

・フェンネルを添えて。

南瓜・ツナ

マッシュした南瓜に玉葱とツナを合わせてマヨネーズで和えます。

材料

南瓜（皮をむいて）……………………300g
ツナ……………………（小）1缶
玉葱……………………½個
塩……………………少々
マヨネーズ……………………½カップ

つくり方

①南瓜は3cm角に切って茹で（電子レンジなら6分）、マッシュする。

②玉葱は薄切りにして塩少々でもみ、水に放す。

③南瓜が温かいうちに、水けをしぼった玉葱、ツナと共にマヨネーズで和える。飾りはイタリアンパセリ。

野菜のヘルパー
—忙しいときに役立つ半調理

生野菜の酢漬け

人参・大根・ごぼう・玉葱などにひと塩しておく、酢に浸けておく、茹でて調味液に浸けておく、酒で炒っておく、そんなひと手間で、帰宅後、短時間で新しい顔の一品ができ上がります。

人参の酢漬け

人参を酢（私はりんご酢を使っています。玉葱とごぼうも）に浸けて、冷蔵庫で保存しておきます。1週間は十分おいしさが保てます。サラダや和えもの、つけ合わせに便利です。人参の切り方は、極細のせん切り、薄い輪切り、粗いみじん切り、拍子木切り、短冊切りなど、用途に合わせてお好みで。

玉葱の酢漬け

玉葱は5㎜幅に切って、好みの酢に浸けておくと、辛味もぬけ、急に一品というときに、たいへん重宝します。

ごぼうの酢漬け

さっと茹でたごぼうを酢に浸けておくのも、忙しい人には便利。時間のあるときにまとめづくりをしておきます。

ごぼうはスライサーで薄くそぎ、さっと茹でてすぐ酢に浸けます。

左から／人参の酢漬け／玉葱の酢漬け／ごぼうの酢漬け

●人参の酢漬けを使って

タイ風照り焼き

エスニック風の合わせ調味液に浸けた鶏を焼いて、ご飯、人参の酢漬けと一緒にリーフレタスに包んで食べます。

材料

鶏もも肉2枚　リーフレタス（サニーレタスでもよい）・人参の酢漬け・ご飯・香菜（コリアンダー）各適宜

合わせ調味液（香菜の根または茎4〜5本　にんにくのみじん切り大匙1　胡椒小匙1　醤油大匙1½　黒砂糖・水・砂糖各大匙2　ナンプラー大匙4）

つくり方

①鶏肉は棒状に切る。
②香菜の根はみじん切りにし、他の材料とともに合わせ調味液をつくり、鶏肉を2〜3時間浸けておく。
③フライパンで肉の両面を焼いてとり出し、そのあとに合わせ調味液を入れて煮つめ、肉をもどしてからませる。
④リーフレタスで具を巻いて食べる。

●玉葱の酢漬けを使って

玉葱と苦瓜のサラダ

たっぷりの酢漬け玉葱、苦瓜、ツナ缶のとり合わせ。冷たく冷やして夏のサラダに。

材料

玉葱の酢漬け1個分　苦瓜1/2〜1本　ツナ（小）1缶　オリーブオイル大匙3　塩少々

つくり方

①苦瓜は縦半分に切り、スプーンで種とわたをとり除く。小口から2〜3㎜厚さに切り、塩をして10分ほどおいてから、さっと茹でて水にとり、水けをきる。

②玉葱の酢漬けの上に苦瓜をおき、ツナの油をきってのせる。かるく塩をふり、オリーブオイルをかける。

●ごぼうの酢漬けを使って

いんげんとごぼうのサラダ

茹でたいんげんと酢漬けのごぼうを胡麻風味のオイルで和えます。

材料

ごぼうの酢漬け適量　いんげん200g　サラダ油・胡麻油各大匙1　塩小匙1/4　七味唐辛子少々

つくり方

①いんげんは筋をとり、3㎝に切って塩茹でし、水にとってから水けをきる。

②いんげんに塩、サラダ油、胡麻油をまぶし、ごぼうの酢漬けをのせ、七味唐辛子をふる。

茹で野菜の調味液浸け

一度煮立たせた調味液を冷ましたところに、さっと茹でた野菜を浸けこんでおきます。そのままいただくよりも、卵焼きの具にしたり、薄切り肉と炒め合わせたり、春巻きの具に使ったりと展開がききます。

人参とごぼうの調味液浸け

つくり方

①水2カップ、醤油・みりん各1/2カップ、削りがつお15gを水から煮立たせて漉し、冷ます。

②拍子木切りまたはささがきにした人参とごぼうを、少し歯ごたえを残して茹で、それぞれ調味液に浸けこむ。

人参とごぼうの調味液漬け

●人参とごぼうの調味液浸けを使って

巻き鶏

鶏肉に人参とごぼうといんげんを巻きこんで調味液に浸したものを、オーブンで焼きます。

材料

鶏もも肉（大）1枚　浸け汁（醤油・みりん各大匙2　皮つき生姜の薄切り少々）人参とごぼうの調味液浸け各2本　いんげん4本

つくり方

①鶏もも肉は身の厚いところに包丁を入れて厚みを均等にし、浸け汁に1時間以上浸けておく。

②いんげんは茹でておく。

③味のしみた鶏肉を広げ、人参、ごぼう、いんげんを芯にしてくるくると巻き、たこ糸でしばっておく。

④天板に鶏肉の合わせ目を下にしておき、160℃に温めておいたオーブンに入れ、10分焼いたら220℃にしてさらに10分焼く。たこ糸をはずして、食べよい厚さに切る。

●ごぼうの調味液浸けを使って

鰯《いわし》天《てん》

ささがきごぼうの調味液浸けと鰯のすり身でつくる揚げもの。

材料

ごぼうの調味液浸け適量　鰯4〜6尾　とき卵½個分　酒大匙1　味噌小匙1　薄力粉大匙1　生姜汁小匙1　揚げ油適量　かぼす適量

つくり方

①鰯はうろこと頭とはらわたをとってよく水洗いし、手開きか三枚おろしにして皮をひく。身を細かく切ってから包丁でたたき、すり鉢に入れる。

②卵、生姜汁、調味料を加えてよくすりまぜ、ささがきごぼうを入れ、ざっくりまぜる。

③適当な大きさに形づくり、中温（180℃）の油で揚げる。

野菜の酒炒り

人参や玉葱を酒で炒っておくだけで、和えものの具や野菜がちょっとほしいときにすぐ使えます。

人参と玉葱の酒炒り

人参　人参1本約120gはスライサーでせん切りにし、酒大匙2杯で水けがなくなるまで炒りつける。

玉葱　玉葱1個は5㎜幅に切り、酒大匙2杯で炒りつける。

人参と玉葱の酒炒り

●人参の酒炒りを使って

人参と春菊の和えもの

材料

人参の酒炒り50g　春菊1/3把　だし1/4カップ　薄口醤油小匙1

つくり方

①だしと薄口醤油を合わせておく。

②春菊を茹でて水にとり、よくしぼって2cm長さに切り、人参と一緒にだし醤油に浸しておく。

③味がよくなじんだら、盛りつける。

●玉葱の酒炒りを使って

ラーメンの具

材料1人分

玉葱の酒炒り適量　中華麺1玉　ハム薄切り2枚　香菜少々　塩小匙2/3　胡椒少々　胡麻油小匙1　鶏がらスープ2 1/2カップ

つくり方

①丼に塩、胡椒、胡麻油、熱いスープを注ぐ。ラーメンを固めに茹でて、丼に入れる。

②たっぷりの玉葱、せん切りにしたハムをのせ、香菜を添える。

ひと塩野菜

人参、大根、蕪、白菜、キャベツ、胡瓜など生食できる野菜に2%の塩をして、冷蔵庫に入れておくと、日もちもし、使い途もあって重宝なものです。

ひと塩人参・ひと塩大根

切り方はここに紹介した輪切り、ピーラーで幅広に薄切り、などのほかに、拍子木切り、さいの目切りなど、用途に合わせてお好みで。

ひと塩人参　ひと塩大根

●ひと塩人参を使って

ロールカツ

薄切りの豚肉で人参を巻いて揚げた、食べやすいカツ。

豚肉の薄切りを広げ、人参を芯にして巻き、粉、とき卵、パン粉をつけて揚げる。とき辛子を添えて。

●ひと塩大根を使って

大根のハムサンド

2mm厚さに輪切りにしたひと塩大根の水けをとり、2枚の大根でハムをはさみ、型でぬく。ミントの葉を添えて。

切り干し大根、干し椎茸、かんぴょうなどの干し野菜のほか、こんにゃくを使った常備菜たち。

切り干し大根の三杯酢

材料

切り干し大根……20g
［酢・だし……各大匙3
　砂糖……大匙2
　薄口醤油……大匙1
小松菜（茹でておく）……1/2把
醤油……小匙1

つくり方

切り干し大根はかるく水洗いして、たっぷりの水に15分位つけてもどす。熱湯にさっとくぐらせ、水にとってよくしぼり、三杯酢に浸けておく。
・茹でた小松菜は2cmに切って醤油洗いし、食べる直前に和える。

干し大根・大豆・昆布の醤油漬け

材料

割り干し大根……40g
煎り大豆……100g
刻み昆布……25g
酒・みりん……各大匙3
水……1カップ
醤油……1/2カップ

つくり方

①小鍋に酒とみりんを煮立ててアルコール分をとばし、水と醤油を加え、煮立ったら火を止め、煎り大豆を入れてまぜる。
②割り干し大根はさっと洗い、15分ほど水に浸けて食べやすい長さに切り、熱湯にくぐらせ、水にとる。しぼって昆布と一緒に①に漬ける。

下から／切り干し大根の三杯酢／干し大根・大豆・昆布の醤油漬け

切り干し大根の中華炒め

材料

切り干し大根（花切り）……40g
豚薄切り肉（肩ロース）……100g
干しえび……大匙1
にんにく（みじん切り）……1片
長葱（小口切り）……1/2本
サラダ油……大匙2
醤油・酒……各大匙2
胡椒……適宜
細葱（小口切り）……少々

つくり方

①切り干し大根は水洗いして30分位ぬるま湯に浸けてもどし、水けをしぼって半分に切る。
②干しえびは100ccの水でもどしてみじん切り、豚肉は一口大に切る。
③中華鍋を熱し、サラダ油を入れて葱を炒め、香りづけに醤油2〜3滴（分量外）を落としてにんにくを加え、香りが出るまで炒める。
④豚肉を入れ、火が通ったら干しえび、切り干し大根を入れてさっと炒め、干しえびのもどし汁、醤油、酒を加え、中火弱で炒り煮して汁けをとばし、胡椒をふり、細葱を散らす。

切り干し大根の中華炒め

煮なます

切り干し大根に6種類の野菜類を合わせた酢炒めです。

材料

切り干し大根……50g
人参・ごぼう……各50g
蓮根……80g
干し椎茸(もどす)……5枚
きくらげ(もどす)……大1枚
油揚げ……2枚
酒……大匙3
醤油……大匙4
砂糖・みりん……各大匙2
胡麻油……大匙1
酢……大匙3
煎り胡麻(白)……適宜

つくり方

①切り干し大根はたっぷりの水でもどし、水けをきっておく。

②人参は3cm長さの短冊に切る。ごぼうはささがきに、蓮根は薄切りにしてそれぞれ酢水に放す。干し椎茸は薄切り、きくらげはせん切りにする。油揚げは油ぬきし、縦半分にして細切りにする。

③鍋に胡麻油をなじませ、蓮根以外の野菜と油揚げをよく炒める。酢以外の調味料をからめ、蓮根を加えて炒り煮し、煮汁が少なくなったら酢を加え、炒めながら完全に汁けをとばす。

④バットにあけて粗熱をとり、煎り胡麻をたっぷりまぜる。

煮なますと押しずし

●煮なますを使って 押しずし

わが家では煮なますをたっぷりつくると、よく押しずしにします。

材料

ご飯(米1カップ分)
合わせ酢(酢大匙1½ 砂糖大匙1 塩小匙¼)
煮なます1カップ 卵3個(砂糖大匙1 塩少々) 煎り白胡麻適量 木の芽適宜

つくり方

①炊きたてご飯に合わせ酢を回しかけ、酢めしをつくる。煮なますと胡麻を加えてよくまぜ合わせ、押し型に葉らんなどを敷いて詰める。

②卵を割りほぐして砂糖と塩で調味し、よくまぜて漉し器を通し、薄焼き卵を焼く。半分に切ってくるくると巻き、せん切りにし、錦糸卵にする。

③詰めたご飯の上に卵をほぐしてのせ、重しをして1〜2時間おいてなじませる。木の芽を飾る。

乾物の炊き合わせ

一種類ずつ炊いた乾物を盛り合わせると、立派なお客料理になります。

高野豆腐

材料

高野豆腐……2枚
だし……1カップ
砂糖……大匙1
みりん……大匙1½
薄口醤油・酒……各大匙1

つくり方

①高野豆腐は底の平らな容器に入れ、たっぷりのぬるま湯に浸して芯まで柔らかくもどし、流水の下で、手ではさみながら押し洗いする。
②浅鍋にだしを入れ、温まったら調味し、高野豆腐を3つに切って入れる。落とし蓋をして弱火でゆっくり煮含め、煮汁をすっかりとばす。

干し椎茸

材料

干し椎茸……10枚
だし……1½カップ
砂糖・みりん……各大匙1
醤油……大匙2

つくり方

①干し椎茸は水でもどして軸を切りとる。
②だしを加えて砂糖を入れ、3～4分煮る。みりんと醤油を加え、弱火で汁けがなくなるまで煮含める。
③最後に中火にして鍋をゆすりながら照りをつける。

乾物の炊き合わせ（左手前はかんぴょうを開いて重ね、色紙に切ったもの）

かんぴょう

材料

かんぴょう……10cm長さ40本
だし……2カップ
砂糖……大匙1
みりん……大匙2
薄口醤油……大匙3
塩……少々

つくり方

①かんぴょうは水洗いし、塩でもんで洗い流し、水から爪が立つ位に柔らかく茹でる。
②湯をきったかんぴょうにだしと砂糖を加えて3～4分煮る。みりん、醤油、塩を加え、紙蓋をして煮汁がなくなるまで弱火で煮る。

結び昆布

材料

結び昆布（15cm2枚）……15本
だし……1カップ
酒・みりん・醤油……各大匙1

つくり方

①昆布は水に浸してやわらげ、細く切って15本の結び昆布をつくる。
②鍋にだしと調味料を合わせ、昆布を弱火で柔らかくなるまで煮る。

ぜんまい

材料

ぜんまい（水煮）……150g
だし……¼カップ
酒・みりん・醤油……各大匙2
砂糖……小匙1
胡麻油……大匙1

つくり方

①ぜんまいは水洗いして5cm長さに

切る。
②ぜんまいを胡麻油でよく炒め、調味料を加えてよくなじませ、ひたひたにだしを加えて、煮汁がなくなるまで炒り煮する。

湯葉

材料

乾燥小巻き湯葉……20個
だし……2カップ
酒・砂糖・薄口醤油……各大匙1
みりん……大匙2
塩……小匙½

つくり方

①湯葉はひたひたのぬるま湯に浸してやわらげ、そっと水けをきる。
②だしを温めて調味料を加え、湯葉を入れて弱火で10分ほど煮る。

絹さや

材料

絹さや……50g
だし……⅓カップ
薄口醤油……小匙1

つくり方

①絹さやは筋をとって熱湯で茹で、だしと薄口醤油を合わせた中に5分ほど浸ける。

芋がらと油揚げの炒め煮

里芋の茎を乾燥させた〝芋がら〟を油揚げと炒め煮にします。

材料

芋がら……100g
油揚げ……2枚
胡麻油……大匙1
醤油・酒……各大匙2
みりん……大匙1
だし……1½カップ

つくり方

①芋がらはさっと洗い、熱湯に入れて火を止め、冷めるまでおき、水洗いして3cmに切る。油揚げは油ぬきし、縦半分にして1cm幅に切る。
②鍋に胡麻油をなじませ、芋がらと油揚げを加え、よく炒めて調味料をからませ、だしを加えて弱火で10分ほど煮含める。

芋がらと油揚げの炒め煮

切り干し大根の五目煮

最近は切り干し大根に乾燥人参、ひじき、高野豆腐などがまざった市販品がありますので、それを利用してみました。

切り干し大根の五目煮

材料

切り干し大根と高野豆腐、海藻類などの乾燥パック詰め……40g
さつま揚げ……(角)2枚
だし……1カップ
みりん……大匙1
醤油……大匙2

つくり方

①乾燥野菜を熱湯に5～6分浸けてもどし、水きりする。さつま揚げは縦半分にして、幅7～8㎜に切る。
②もどした材料とさつま揚げをだしに入れて調味料を加え、弱火で煮含める。

山くらげの煮つけ

コリコリと歯ざわりのよい山くらげと鶏肉を使ったお惣菜。

材料

山くらげ……200g
鶏もも肉……200g
赤ピーマン……1個
サラダ油……大匙1
酒・みりん……各大匙2
醤油……大匙3
砂糖……小匙2

つくり方

①山くらげは2～3時間水でもどして3cm長さに切る。赤ピーマンは半分に切って種をとり、4～5cm長さの短冊切りに、鶏肉は脂をとり除き、2cm位のそぎ切りにする。

②サラダ油で鶏肉を炒め、肉の色が変わったら、山くらげとピーマンを入れ、調味料をからませ、弱火で7～8分炒りつけ、煮汁をとばす。

ぜんまいの煮つけ

ぜんまいと相性のよい油揚げ、ここでは青みにしし唐辛子も加えて煮つけました。

材料

ぜんまい（水煮）……100g
油揚げ……1枚
人参……60g
しし唐辛子……½パック
だし……1カップ
砂糖……大匙1
みりん……大匙1
醤油……大匙2

つくり方

①ぜんまいは3～4cm長さに切り揃える。人参も3～4cm長さの短冊切り、しし唐辛子はへたをとり、縦半分に切って種をとる。

②油揚げは熱湯で油ぬきし、縦半分にしてから5～6mm幅に切る。

③材料とだしを鍋に入れて火にかけ、温まったら調味料を加え、煮汁がなくなるまで煮含める。

山くらげの煮つけ

ぜんまいの煮つけ

こんにゃく・しらたき

ぴり辛煮

唐辛子でぴりりと辛味をきかせて。

材料

小丸こんにゃく（種類は好み）…200g
酒・醤油……各大匙1
だし……¼カップ
赤唐辛子（種をとり小口切り）…1本
七味唐辛子……少々

つくり方

下茹でしたこんにゃくを、から炒りして、酒、醤油、赤唐辛子を加えて煮、味をしませてだしを加え、煮汁が完全になくなるまで炒り煮する。盛りつけてから七味唐辛子をふる。

ぴり辛煮

ぺらぺら煮

仕上げに削りがつおをまぶします。

材料

こんにゃく……½枚
削りがつお……ひとつかみ
だし……½カップ
醤油・砂糖・みりん……各大匙2

つくり方

①こんにゃくは縦半分に切ってから薄切りにする。
②削りがつおを鍋に入れ、ごく弱火でパリパリになるまで煎っておく。
③別鍋にこんにゃく、だし、調味料を入れ、中火弱で煮汁がなくなるまで炒り煮し、バットにあけ、②の削りがつおを手でもんでまぶす。

ぺらぺら煮

ちりちり糸こん

糸こんにゃくの揚げ煮です。

材料

糸こんにゃく……1袋
酒・醤油……各大匙2
赤唐辛子……小1本
揚げ油（一〜二度使ったものでよい）

つくり方

①糸こんにゃくは洗って水けをよくとり、5〜6cmに切って、170℃に熱した油で7〜8分揚げ続ける。
②鍋に酒、醤油、赤唐辛子を入れて煮立て、油をきったこんにゃくを入れ、煮汁がなくなるまで炒りつける。

ちりちり糸こん

きんぴら煮

しらたきとえのき茸の炒り煮。

材料

しらたき……1玉
えのき茸……（大）1パック
生姜（せん切り）……1片分
サラダ油……大匙1
酒……大匙1
薄口醤油……大匙2

つくり方

①しらたきは水から茹でて4〜5cmに切る。えのき茸は石づきを落として半分に切る。
②サラダ油で、しらたきをよく炒め、えのき茸と生姜を入れてさらに炒め、酒、醤油を加えて炒り煮する。

きんぴら煮

わかめ、昆布、ひじきなど、ヨードやカルシウムを含む海藻類は、朝食やおべんとうに少量ずつでも、毎日とり入れたいものです。

茎わかめの炒め煮

生姜の味をきかせた炒め煮。

材料

茎わかめ……100g
生姜……20g
サラダ油……大匙1
酒……大匙2
薄口醤油……大匙1

つくり方

①茎わかめはよく洗って、たっぷりの水につけて塩ぬきし、食べやすく切る。生姜は薄切りにする。
②サラダ油で生姜と茎わかめをよく炒め、酒、薄口醤油を加えて汁けが完全になくなるまで炒り煮する。

海苔のあっさり佃煮

湿気させてしまった海苔は佃煮にしましょう。サラダや和えもののソースとしても使えます。

材料

海苔……7枚
酒・みりん……各大匙1
醤油……大匙2

つくり方

①海苔は大きく切って、鍋の中で水1/3カップほどに浸し、湿らせておく。
②海苔が柔らかくなったら火にかけ、調味料を加え、ぽったりとしてくるまでまぜながら煮る。

すき昆布と大豆の煮もの

すき昆布は、このとり合わせ以外に厚揚げ、竹輪、豚肉などと煮つけておくと、日もちのよいおかずとして活躍します。

材料

すき昆布……1/2枚
茹で大豆……100g
油揚げ……1枚
［煮干し……30g
　水……3カップ
酒・醤油……各1/3カップ

つくり方

①煮干しは頭と腹わたをとって、分量の水に20~30分浸けておく。
②すき昆布はたっぷりの水につけてもどし、ざるに上げて水をきっておく。大豆は水洗いする。油揚げは油ぬきし、縦半分に切ってから細切りにする。
③鍋に煮干しと浸した水、すき昆布、大豆、油揚げを入れて強火にかけ、煮立ったら調味料を入れ、中火に落として7~8分煮る。
・すき昆布＝細切りの昆布を海苔のようにうすくすいて乾燥させたもの。

すき昆布と大豆の煮もの

刻み昆布と竹輪の煮もの

刻み昆布は、細切りの昆布を乾燥させたもの。さっと洗ってすぐ調理できます。
竹輪のほか、油揚げやさつま揚げと合わせてもおいしいものです。

材料

刻み昆布……50g
竹輪……(小)2本
人参……60g
だし……2カップ
酒・醤油・砂糖……各大匙2

つくり方

①竹輪は輪切りに、人参は3cm長さの短冊に切る。
②鍋に材料を入れ、だしを加えて火にかけ、煮立ったら調味料を加え、人参が柔らかくなるまで煮る。

刻み昆布と竹輪の煮もの／刻み昆布とにしんの煮つけ

刻み昆布とにしんの煮つけ

材料

刻み昆布……40g
生干し身欠きにしん……2本
ほうじ茶(濃くいれたもの)……適量
だし……2カップ
酒・砂糖……各大匙2
醤油……大匙2
みりん……大匙½
針生姜……適宜

つくり方

①にしんは腹骨をすきとり、4つに切って鍋に入れ、ほうじ茶を上からかぶるほどにかけ、ひと煮立ちさせて茹でこぼし、うろこなどを洗い流す。
②鍋ににしんとだしを入れて火にかけ、酒と砂糖を加えて5分ほど煮、醤油とみりんを加え、刻み昆布を入れて、6～7分煮含める。
③針生姜をのせて盛りつける。

松前漬け

松前漬け

するめ、昆布、人参の細切りを調味料に浸しておきます。

材料

するめ(はさみで細切りにする)25g
日高昆布(はさみで細切りにする)25g
人参(細切り)……30g
漬け汁
だし(又は水)……¾カップ
醤油……大匙2½
みりん……大匙2½

つくり方

漬け汁を一度煮立てて冷まし、材料にかける。3日後位からおいしくなる。

鮭の昆布巻き

生鮭を芯にした昆布巻き。

材料

日高昆布……20㎝長さ4枚
生鮭（切り身）……2切れ
かんぴょう……25㎝×8本
昆布のもどし汁……2カップ
酒……¼カップ
酢……小匙½
醤油……大匙3
塩……少々

つくり方

①昆布は水で10分ほどもどし、浸け水はとりおく。
②かんぴょうは塩でもみ洗いし、水につけてもどし、水けをきる。
③昆布の水けを拭きとり、横2つに細長く切った鮭を芯にくるくると巻き、かんぴょうで2か所、二重結びにする。
④浅鍋に昆布巻きを並べ、昆布のもどし汁、酒、酢を入れて強火にかけ、煮立ったらあくをとり、落とし蓋をして、中火で煮る。
⑤竹串がすっと通るようになったら、醤油と塩を加え、弱火にして煮汁が⅓になるまで煮る。冷めてから2つに切りそろえる。

鮭の昆布巻き

高野豆腐の昆布巻き

人参、ごぼう、こんにゃくと高野豆腐を芯にした昆布巻きです。

材料

日高昆布……15㎝長さ4枚
高野豆腐……1枚
人参・ごぼう……各10㎝
こんにゃく……½枚
かんぴょう……15㎝×8本
昆布のもどし汁……2カップ
酒……¼カップ
酢……小匙½
醤油・砂糖……各大匙2
みりん……大匙1

つくり方

①高野豆腐はもどし、人参、ごぼうこんにゃくと共に、長さは昆布の幅に合わせて7～8㎜角に切りそろえ、ごぼうは薄い酢水に放し、こんにゃくは茹でこぼす。
②もどした昆布の水けを拭きとり、人参、ごぼう、こんにゃく、高野豆腐を芯にして巻きこみ、もどしたかんぴょうで2か所結ぶ。
③浅鍋に昆布巻きを並べ、昆布のもどし汁を加えて酒と酢を入れ、煮立つまでは強火、煮立ったらあくをすくい、落とし蓋をして中火で、竹串がすっと通るまで煮る。
④醤油と砂糖、みりんを加え、弱火で煮汁が⅓位になるまで煮る。
⑤冷めてから2つに切りそろえる。

高野豆腐の昆布巻き／ミニ昆布巻き

ミニ昆布巻き

芯に何も入れずに巻いた小さな昆布巻きです。おべんとうのおかずにもよいサイズです。

材料

日高昆布……10㎝長さ5枚
かんぴょう（もどす）……12㎝×8本
昆布のもどし汁……1½カップ
酒・醤油……各大匙2
みりん・砂糖……各大匙1

つくり方

①もどした昆布は水けをきってくるくると巻き、かんぴょうで結ぶ。
②浅鍋に並べてもどし汁を入れ、煮立ったら調味料を入れ、弱火で煮汁がなくなるまで煮る。

だしをとったあとの昆布を使って

だしをとったあとの昆布は、冷凍しておいて一気に佃煮風にします。

筍と昆布の梅干し煮

材料

茹で筍……100g
梅干し……1個
昆布（だしをとったあとのもの）10cm長さ3枚
だし……¾カップ
砂糖……大匙2
醤油……大匙3
酒……大匙1

つくり方

①筍はいちょう切りにする。
②昆布は短冊切りにし、筍と種をとって小さくほぐした梅干しと一緒にだしと調味料で、落とし蓋をして10分ほど煮る。

昆布・じゃこ・おかかの薄味煮

材料

昆布（だしをとったあとのもの）10cm長さ1枚
じゃこ……⅓カップ
削り節……½カップ
酒……大匙1
だし……1カップ
薄口醤油……小匙1
みりん……大匙1

つくり方

昆布は細切りにし、じゃこと削り節とともに、だしと調味料を加え、汁けがなくなるまで炒り煮する。

上から／昆布と山椒の実の佃煮／筍と昆布の梅干し煮／椎茸昆布／昆布・じゃこ・おかかの薄味煮

昆布と山椒の実の佃煮

材料

昆布（だしをとったあとのもの）10cm長さ3枚
酒・みりん……各大匙1
砂糖……小匙1
醤油……大匙4
水あめ……大匙1
実山椒の佃煮（47頁参照）……適宜

つくり方

昆布は細切りにし、ひたひたの水（1カップ）に酒、みりん、砂糖、醤油を加え、中火弱の火加減で煮汁がなくなるまで煮、水あめをからめて照りをつける。実山椒を散らす。

椎茸昆布

材料

干し椎茸（もどす）……（小）6枚
昆布（だしをとったあとのもの）10cm長さ3枚
水と椎茸のもどし汁……3カップ
砂糖・酒・醤油……各大匙2
みりん……大匙1

つくり方

もどした干し椎茸は、石づきをとって半分に切り、角切りにした昆布と合わせ、水ともどし汁、調味料を加えて弱火にかけ、煮汁がなくなるまで煮る。

ひじきの五目煮

ひじきの五目煮

ひじきと野菜と油揚げを一緒に煮つけたお惣菜です。ひじきはもどすと約5倍の重さになります。

材料

ひじき(乾)……………………40g
人参・ごぼう・蓮根…………各40g
油揚げ……………………………1枚
胡麻油…………………………大匙1
酒………………………………大匙2
砂糖・みりん………………各大匙1
醤油……………………………大匙2
だし……………………………1カップ

つくり方

①ひじきはさっと水洗いし、たっぷりの水に15~20分ほど浸けて柔らかくもどす。底に沈んだ砂などが入らないように、すくってざるに上げ、水けをきる。

②人参は3cm長さの太めのせん切り、ごぼうは4~5mm厚さの斜め薄切り、蓮根は2~3mm厚さの半月切り、油揚げは油ぬきし、縦半分にし、細切りにする。

③鍋に胡麻油を温め、水けをきったひじき、野菜、油揚げを入れて炒め、油がゆきわたったら、酒を回しかけ、残りの調味料を加える。全体にゆきわたり、味がなじんだら、だしをひたひたになる位に注ぎ、煮汁が1/4ほどになるまで、落とし蓋をして煮る。

ひじきの梅干し煮（梅干しは分量外の飾り）

ひじきの梅干し煮

ほかの料理に展開がききやすいひじきの煮つけです。

材料

ひじき(乾)……………………40g
梅干し……………………………2個
だし……………………………1カップ
酒・みりん・醤油…………各大匙2
砂糖……………………………小匙1

つくり方

①ひじきはもどしておく。(もどし方は五目煮参照)

②鍋にひじきとだしを入れて煮立て、調味料を加え、中火で煮、煮汁がなくなりかけたら、種をとった梅干しをちぎって加え、炒り煮して汁けをとばす。

●ひじきの梅干し煮を使って

和風キッシュ

材料

ひじきの梅干し煮1カップ　鮭(缶詰)1缶(140g)　万能葱(2cm長さに切る)3本　三つ葉少々　卵液(卵5個　だし1カップ　酒小匙2　みりん小匙1)

つくり方

①オーブンに入れられる器を用意し、ひじきの梅干し煮、ほぐした鮭、万能葱を平均に入れる。

②卵をよくときほぐし、だしと調味料を合わせ、漉し器を通しながら①に注ぐ。

③湯をはった天板にのせ、温めておいたオーブンに入れ、160~170℃で40分ほど焼き、三つ葉を散らす。

●ひじきの梅干し煮を使って

変わり白和え

材料

ひじきの梅干し煮1カップ　グリーンアスパラガス1束　うど½本　カッテージチーズ（裏漉しタイプ）100g　酒・白練り胡麻各小匙2　砂糖大匙½

つくり方

①アスパラガスは色よく茹でて2cm長さに切る。うどは皮をむいて7〜8mm角に切り、薄い酢水に放しておく。
②カッテージチーズに酒、練り胡麻、砂糖をまぜ合わせ、ひじきの梅干し煮、アスパラガス、水けをとったうどを和える。

●ひじきの梅干し煮を使って

エスニックサラダ

材料

ひじきの梅干し煮1カップ　春雨（乾）50g　えび5本　鶏胸肉（小）1枚　赤ピーマン½個　胡瓜½本　絹さや少々　レタス4枚　チャイブ適宜　ソース（ナンプラー・醤油・レモン汁各大匙3　砂糖大匙1　赤唐辛子小口切り小½本分）

つくり方

①レタスは一口大にちぎる。赤ピーマンは種をとって細切り、胡瓜は縦半分にして斜め薄切りに、絹さやは筋をとる。えびは背わたをとり、鶏肉は皮と脂をとり除く。
②湯を沸かし、絹さやを茹で、同じ湯でえび、鶏肉、春雨の順に茹でる。
③絹さやは斜め切り、えびは殻をむいて2〜3切れに、鶏肉は一口大にさき、春雨は食べやすい長さに切る。
④ソースの材料を合わせ、えびや鶏肉が温かいうちに和え、ひじきの梅干し煮、春雨、赤ピーマン、胡瓜、絹さやを加え、レタスをしいて盛りつけ、チャイブを散らす。

まぜご飯

材料

ご飯1膳　ひじきの梅干し煮¼〜⅓カップ　芹少々

つくり方

炊きたてのご飯にひじきの梅干し煮をまぜこみ、茶碗に盛りつけてから細かく切った芹を散らす。

煮干し、ちりめんじゃこなどの、魚の乾物はカルシウムの宝庫です。

こうなごの田作り

一般的な田作りのつくり方で、こうなごを煮ました。

材料

こうなご……40g
砂糖……大匙2
醤油……大匙1
酒……小匙2

つくり方

①厚手鍋（または油けのないフライパン）を弱火にかけてこうなごを入れ、ゆっくりと煎る。1本とり出して冷まし、ポキッと折れる位がちょうどよい（電子レンジなら重ならないように並べて2分）。

②鍋に砂糖、醤油、酒を入れて火にかけ、中央が煮立ち、泡が全体にゆきわたったら、こうなごを一気に入れて調味料をからめる。鍋の中で飴状になったら酒を小匙1杯（分量外）入れてほぐし、バットに広げて冷ます。

やわらか田作り

煎ったごまめをいったん水に浸してから煮る、変わり田作りです。

材料

田作り（ごまめ）……25g
酒……大匙4
醤油……大匙2
赤唐辛子……½～1本

つくり方

①ごまめはゆっくりとから煎りする。（こうなごの項参照）

②煎ったごまめをさっと水に浸けて、臭みをとる。

③とり出して鍋に入れ、酒と醤油を加えて10分煮、火を止める前に種をとって小口切りにした唐辛子を加える。火を止め、汁けをきって盛る。

煮干しとナッツの田作り

甘みのかった煮汁をからめたナッツ入りの田作りです。

材料

煮干し……正味25g
ピーナッツ……50g
くるみ……30g
砂糖……大匙3
醤油……大匙1½
酒……大匙1

つくり方

①煮干しは小ぶりで形のそろったものを用意し、頭と腹わたをとっておく。油けのないフライパンでから煎りし、パリッとさせる（電子レンジなら1分半～2分）。

②ピーナッツは皮をむき、縦に4等分する。くるみは2～3つに切り、合わせてレンジに2分かける。

③鍋に砂糖、醤油、酒を入れて火にかけて沸騰させ、泡が鍋全体にゆきわたったら、煮干しとナッツ類を一気に入れて汁をからめる。最後に酒を小匙2杯（分量外）ほどかけてからめ、バットに広げて冷ます。

上から／煮干しとナッツの田作り／こうなごの田作り（右）／やわらか田作り

ちりめんじゃこの実山椒煮

じゃこと実山椒を合わせました。

材料

ちりめんじゃこ……50g
醤油……大匙2½
砂糖……大匙1½
みりん……大匙2
実山椒の佃煮……大匙2

つくり方

①調味料を煮立てた中にちりめんじゃこを入れ、汁けがなくなるまで炒り煮し、実山椒の佃煮を加えてひとまぜする。

実山椒の佃煮

味噌に漬けてから醤油煮にします。

材料

実山椒……400g
味噌……1カップ
酒……大匙2
醤油……大匙4

つくり方

①山椒の実はたっぷりの熱湯でよく茹で、ざるに上げて水けをきる。
②ガーゼの袋などに入れ、味噌の中に2～3日漬けこむ。
③鍋に醤油と酒を煮立て、味噌漬けにした山椒を加え、汁けがなくなるまで中火で煮る。

上から／揚げじゃこ／ちりめんじゃこの実山椒煮

揚げじゃこ

おひたしやサラダ、冷や奴などに使えて便利です。

つくり方

①ちりめんじゃこを160℃の低温でゆっくり色づかないように揚げる。途中で何回かじゃこを箸でもち上げて空気にふれさせるとよい。とり出す直前に火を強め、一気に揚げる。

昆布と削りがつおのふりかけ

昆布と削りがつおのふりかけ

だしをとったあとの昆布と削りがつおでつくったとは思えない贅沢なふりかけです。

材料

昆布（だしをとったあとのものでもよい）……15cm角1枚
だしをとったあとの削りがつお……1カップ
きくらげ……15g
松の実……大匙1
水・酒……各大匙3
みりん・醤油・オイスターソース……各大匙1
麻の実……小匙1
煎り胡麻……小匙1

つくり方

①昆布は5mm角に切る。削りがつおは、キッチンペーパーに平らにのせて、途中上下を返しながら、電子レンジに4～5分かけてから、手でもんでパラパラにする。
②きくらげは水でもどして、細かくちぎっておく。
③鍋に水と調味料を煮立て、昆布と削りがつお、きくらげ、松の実を入れ、4～5本の菜箸でかきまぜて煎り、水分がとんだらバットにあけて麻の実と胡麻をまぜる。

豆・豆製品

乾し豆をもどして醤油味で煮含めたもの、甘い煮豆。豆腐、おから、油揚げ、味噌など豆製品でつくる日もちするものは、必ず1～2品は冷蔵庫に常備しておきたいおかずです。

七福豆

大豆の黄金煮

七福豆

五目煮豆にさらに2種類加えて七目豆にしました。

材料

茹で大豆……1カップ
昆布……15cm長さで1枚
干し椎茸……3枚
ごぼう・蓮根・人参……各50g
こんにゃく……1/3枚
砂糖……大匙3
醤油……大匙4

つくり方

①昆布はもどして1cm角に切る。干し椎茸ももどして軸をとり、1cm角に切る。ごぼう、蓮根は、大豆大のさいの目に切り、薄い酢水に放して水洗いし、水けをきっておく。人参も同じように切る。

②こんにゃくは水から5分茹で、1cm角に切る。

③鍋に大豆、こんにゃく、ごぼう、蓮根、人参、干し椎茸、昆布を入れ、もどし汁とひたひたになるまで水を加え、調味して強火にかける。沸騰したら弱火にし、あくをとって野菜が柔らかくなるまで煮る。

・大豆、昆布、こんにゃく、彩りの人参以外は、1種でも2種でも好みでとり合わせます。

大豆の黄金煮

大豆と水と調味料を合わせて7～8時間おいてから煮始める方法です。

材料

大豆(乾)……1カップ
水……3カップ
砂糖……50～60g
醤油……大匙2

つくり方

①洗った大豆と水、調味料を合わせて、一晩浸けておく。

②強火で煮始め、沸騰したらあくをとって弱火にし、落とし蓋をして、柔らかくなるまで1時間ほど煮る。

豆のピクルス

白いんげん、キドニービーンズ、ひよこ豆など、好みの豆をとり合わせてどうぞ。半日後から食べられます。

材料

白いんげん(乾)……100g
サラダ用ビーンズ(水煮)……1缶
ピクルス液
水・酢各……1カップ
砂糖……½カップ
ベイリーフ……1枚
にんにく……1片
小玉葱……4個
セロリの葉……少々

つくり方

①白いんげんはたっぷりの水にひと晩浸ける。浸け水ごと火にかけ、二度茹でこぼしてから30～40分、少し固めに茹でる。
②ピクルス液の材料をひと煮立ちさせ、冷ます。
③薄切りにした小玉葱、セロリの葉、にんにく、水洗いした缶詰の豆と白いんげんを②の液に浸けこむ。

豆のピクルス

花豆・牛肉・こんにゃくの煮もの

豆はいんげん豆でも大豆でもよいでしょう。

材料

花豆(乾)……1カップ
牛すね肉……300g
こんにゃく……½枚
赤唐辛子(種をとり小口切り)…1本
醤油・酒……各大匙4
砂糖……大匙3

つくり方

①花豆は一晩たっぷりの水に浸けておく。
②水をきった花豆と3cm角に切った牛すね肉を鍋に入れ、かぶるほどの水を入れて煮立つまでは強火であくをとり、弱火に直して1～1時間半ほど両方が柔らかくなるまで煮る。
③茹でたこんにゃくをちぎって、②の鍋に入れ、赤唐辛子と調味料を加えて20～30分煮て味を含ませる。

花豆・牛肉・こんにゃくの煮もの

豆の甘煮

金時豆、虎豆、うずら豆、花豆などのいんげん豆系の甘煮は、はじめに、茹でこぼしてえぐみをとります。また、素姓が判っている「新豆」なら、後述のように一晩水に浸けなくても、柔らかく皮も破れずに煮上がります。紫花豆や金時豆は仕上げに醤油を、白いんげんや虎豆、うぐいす豆の場合は、塩を加えます。

上から／黒豆／金時豆／うぐいす豆／虎豆

金時豆

材料

金時豆（乾）……………2カップ
砂糖……………………200g
醤油……………………大匙1

つくり方

①豆は洗ってかぶるほどの水を加えて火にかけ、煮立ったら湯を捨て、新しい水にかえて、もう一度茹でこぼす。

②水をひたひたに加えて火にかけ、煮立ったらあくをとり、半カップの差し水をし、弱火で豆が柔らかくなるまで1～2時間煮る。

③柔らかくなったら砂糖を加え、20分煮て醤油を加え、火を止める。

虎豆

材料

虎豆（乾）……………2カップ
砂糖……………………180～200g
塩………………………小匙2/3

つくり方

①豆は洗ってかぶるほどの水を加え二度茹でこぼし、またかぶるほどの水を加え、強火で煮立ったらあくをとる。1カップの差し水をし、弱火で豆が柔らかくなるまで煮る。

②砂糖を加え、さらに15～20分煮、塩を入れて火を止める。

うぐいす豆

材料

青えんどう（乾）………2カップ
砂糖……………………170～200g
塩………………………小匙1

つくり方

①豆は洗って一晩水に浸け、浸け水ごと強火にかけ、沸騰したら一度茹でこぼす。かぶるほどの水を加え、落とし蓋をして弱火で豆がすっかり柔らかくなるまで煮る。

②汁が少なくなったところで砂糖を加えて15～20分煮含め、味がなじんだら塩を入れて火を止める。

黒豆

おせち料理に欠かせない黒大豆の甘煮ですが、ふだんでも気軽に煮ておき、瓶に詰めて冷蔵庫に入れておけばかなり長くもちます。

材料

黒豆（乾）……………2カップ
水………………………8カップ
砂糖……………………250g
醤油……………………大匙1

つくり方

①黒豆は洗って、一晩分量の水に浸ける。

②浸け水ごと鍋に入れて強火にかけ、煮立ったら1/2カップの差し水をし、これを3回くり返す。あくをこまめにすくいとり、落とし蓋をし、弱火で1時間ほど煮る。

③親指と小指ではさんで、かるく豆がつぶれるようになったら、砂糖を全部加え、そのままさわらずに20分煮、醤油を足して10分煮て火を止める。次の日もう一度火を入れてひと煮立ちさせ、味を含ませる。

油揚げ・高野豆腐・おからなど

油揚げのいなり煮

油揚げを甘辛く煮つけておくと、おいなりさんだけでなく、お惣菜にもくり回しがききます。

材料

油揚げ……………10枚
だし……………3カップ
砂糖……………⅔カップ
醤油・みりん……………各大匙4

つくり方

①油揚げは熱湯をかけて油ぬきし、水けをきっておく。まな板の上に油揚げを縦長におき、丸箸を上下に転がしてはがれやすくし、半分に切って袋状に開く。
②鍋にだしと砂糖を入れ、砂糖が煮とけたら油揚げを平らに並べ入れ、中火で3分煮、みりんと醤油を加え、弱火で落とし蓋をして煮る。
③煮汁が少なくなったら落とし蓋で押さえたり、鍋返ししながらつやよく煮上げる。

いなりずし

上から／びっくりいなり／いなり巻き

●油揚げのいなり煮を使って

いなりずし

油揚げのいなり煮10枚
すし飯（米2カップ　水2カップ　昆布10㎝）　煎り胡麻¼カップ　合わせ酢（酢¼カップ　砂糖大匙2　塩小匙½）

つくり方

①すし飯をつくり、胡麻をまぜる。
②油揚げのいなり煮に詰めて、生姜を添える。

びっくりいなり

材料

油揚げのいなり煮1枚　卵1個

つくり方

①油揚げのいなり煮を器に入れて口を広げ、卵を割り入れて楊枝で口を止める。
②電子レンジに1分30秒かける。

いなり巻き

材料

油揚げのいなり煮4枚　茹でたほうれん草2本　鶏ささみ（小）2本　酒大匙2　塩少々

つくり方

①茹でたほうれん草に薄口醤油を数滴落としておく。
②ささみは筋をとって観音開きにし、浅鍋に入れて塩と酒をふり、軽い落とし蓋をし、弱火で煮汁がなくなるまで蒸し煮する。
③いなり煮の二方を切って、長方形に広げ、ほうれん草とさいたささみをおいてくるくると巻き、合わせ目を下にして少しおいてなじませる。

厚揚げのこってり煮

厚揚げのこってり煮

厚揚げを少し濃いめの味で煮ておくと、もう一品ほしいときや、おべんとうのおかずにも向きます。

材料

厚揚げ……1枚
だし……1/2カップ
醤油……1/4カップ
みりん……1/2カップ
辛子……少々

つくり方

①厚揚げは油ぬきし、好みの形に切る。表面に数か所フォークをさして味がしみやすくする。

②鍋にだし、醤油、みりんを入れて厚揚げを加え、5～6分煮る。とき辛子を添える。

厚揚げのひりょうず

厚揚げでつくるがんもどき。豆腐のように水きりをする必要がないので、とりかかりがらくです。

材料

厚揚げ……2枚
きくらげ（もどしてせん切り）…1枚
銀杏（煎って皮をむく）……6個
大豆（調味液浸けにしたもの）……1/2カップ
大和芋（すりおろし）……大匙2
塩……小匙1/3
酒……大匙1

つくり方

①厚揚げは油ぬきして水けを拭きとり、細かくちぎってすり鉢に入れ、すりこぎでよくすり、大和芋、塩、酒を加えてさらにする。

②きくらげ、銀杏、大豆をまぜこみ、形をととのえる。

③170℃の油で色よく揚げる。

・すぐ食べるときは、大根おろしとおろし生姜を添える。次回はオーブントースターで焼く、甘辛く煮る（厚揚げのこってり煮の味つけで）、おでん種になど、使い回せます。

・大豆の調味液浸け　大豆を煎ってだし4醤油1みりん1を合わせた調味液に浸けておいたもの。

厚揚げのひりょうず

豆腐の味噌漬け揚げ

味噌漬けにした豆腐に片栗粉をつけて揚げたものです。漬けたものはそのままスライスしてレタス、大根、胡瓜、セロリなどにのせてちょっとした箸休めや前菜に。

つくり方

①なるべく固めの木綿豆腐を、厚みが半分位になるまで水きりする。

②辛口の味噌の間に、3切れに切った豆腐をガーゼで包んではさみ、半日から一晩漬ける。

③適当な大きさに切り、片栗粉を薄くつけて油で揚げる。

・漬けたあとの味噌は少しゆるくなりますが魚や野菜を漬けられます。

豆腐の味噌漬け揚げ

高野豆腐のほろほろ

もどしてみじん切りにした高野豆腐に、挽肉や野菜を入れた炒り煮。

材料

高野豆腐……2枚
鶏挽肉……100g
きくらげ……(大)1枚
人参……70g
だし……1½カップ
醤油……大匙5
砂糖……大匙2
酒……大匙3
実山椒の佃煮(47頁参照)……少々
長葱……少々

つくり方

①高野豆腐は平らな容器に並べて、たっぷりのぬるま湯につけ、芯まで柔らかくもどしたら、水の中で2~3回もみながら押し洗いする。水けをしっかりしぼって、粗く切ってからフードプロセッサーにかける。

②きくらげは水でもどし、細かくちぎっておく。人参は皮をむいてみじん切りにする。

③だしに調味料を入れ、煮立てたところにほぐした挽肉を加えてあくをとる。高野豆腐、きくらげ、人参を入れ、中火で4~5分煮て弱火に直し、箸数本でかきまぜながら、汁けがなくなるまで炒り煮する。実山椒を加えてひとまぜする。

・葱の小口切りを天盛りにする。

・市販の粉末乾燥高野豆腐を使っても、同じようにつくれます。

高野豆腐のほろほろ

おからのドライカレー

母から伝授のおから入り挽肉カレー。わが家の子どもたちの好物でした。

材料

おから……1カップ
牛挽肉……100g
人参(みじん切り)……50g
玉葱(みじん切り)……½個
セロリ(みじん切り)……½本
ピーマン(みじん切り)……1個
サラダ油……大匙1
水……大匙4
カレールウ……2ピース(40g)

つくり方

①油を熱して挽肉を炒め、色が変わったら、人参、玉ねぎ、セロリを入れて炒め、おからを加える。

②全体に油がなじみ、野菜が柔らかくなり始めたらピーマンと水を加え、薄くそいだカレールウを加えてルウがなじむまで炒める。

おからのドライカレー

練り味噌3種

白味噌（西京味噌）、赤味噌（信州又は仙台）、八丁味噌を使った、3色の練り味噌です。砂糖の分量が少しずつ違います。

材料

白味噌……1/2カップ
砂糖……大匙1
みりん……1/3カップ

赤味噌……1/2カップ
砂糖……大匙2
みりん……1/3カップ

八丁味噌……1/2カップ
砂糖……大匙4
みりん……1/3カップ

つくり方

①鍋に味噌と砂糖を入れ、よくまぜ合わせてから、みりんを少しずつ加え、なめらかにときのばす。

②鍋を中火にかけ、木杓子でかるく練りまぜながら煮つめていく。鍋の底に木杓子のあとが残るようになり、味噌がぽったりしてきたら火を止める。冷めるとかたくなるので、煮つめすぎないよう注意のこと。

・瓶などに入れて保存する。

●練り味噌を使って

豆腐とこんにゃくの田楽

材料

豆腐（木綿）1丁　こんにゃく1枚
八丁練り味噌適宜　けしの実適宜
木の芽適宜

つくり方

①豆腐とこんにゃくは適当な大きさに切り、茹でておく。

②田楽串に刺して、それぞれに練り味噌をぬり、けしの実や木の芽を散らす。

●練り味噌を使って

里芋の胡麻味噌かけ

赤い練り味噌に半ずり胡麻を加えて、蒸した里芋を和えます。

材料

里芋8個　練り味噌1/3カップ
半ずり胡麻大匙2〜3

つくり方

①里芋の上下を落として、湯気の上がった蒸し器で柔らかく蒸す。

②練り味噌に胡麻をまぜ合わせて、里芋の皮をむいて和える。

●練り味噌を使って

あおやぎと分葱のぬた

春はなんといってもこのとり合わせの酢味噌和えが一番。

材料

あおやぎ50g　分葱1/2把　辛子酢味噌（西京練り味噌大匙5　酢大匙2　とき辛子大匙1/2）

つくり方

①あおやぎはざるに入れて、水でふり洗いする。

②分葱はたっぷりの湯に、根の方から少しずつ入れてゆき、茹でる。ざるに上げ、あおいで冷ます。まな板にのせ、包丁の背でしごくようにぬめりをとり、2cm長さに切る。

③ボウルに辛子酢味噌を合わせ、あおやぎと分葱を和える。

家庭でつくる味噌

指導・小泉糀屋／小泉 聡

手づくりの味噌のおいしさは格別。添加物なしなので食べて安心です。初めて味噌づくりにチャレンジするときは、つくり慣れている人をみつけて、仕込みを一緒にしてもらうとよいでしょう。

つくる時期

糀《こうじ》をよい状態で保つことができる12月〜2月が最適。

糀を購入したらできるだけ早くつくるようにする。もしすぐにつくれないときは、糀と塩を合わせておく。

準備するもの

大豆を水に浸ける大きい容器　ざる　大豆を茹でる大きい鍋（鍋2つで茹でてもよい）　保存容器（3〜4ℓ入り　陶製のかめなど。熱湯をかけてよく乾かしておく）　厚手のポリ袋（薄いものを何枚か重ねてもよい）　ラップ　計量カップ

材料

米糀……………………………1.5kg
大豆……………………………1kg
粗塩…………………450〜560g
ホワイトリカー（容器殺菌用）……適宜

つくり方

①容器に大豆を入れ、米をとぐように3回洗う。

②3倍の水に一晩（12〜14時間）浸しておく。

③豆をざるにあけてかるく流水で洗い、鍋に移して豆がかぶるくらいの水を加えて強火にかける。

④沸騰するころにあくが出るのですくいとり、弱火にして5〜6時間かけてゆっくり茹でる。水が減ったら足す。

⑤豆を親指と小指にはさんでかるく押し、つぶれる位の柔らかさになったら茹で上がり。焦がさない程度にひたひたの水で煮上げると、煮汁が濃厚な飴色になる。**（写真1）**

⑥ボウルにざるを重ねて鍋をあけ、煮汁を100ccとっておく。

⑦大きめの容器に糀と塩を入れ、手ですり合わせるようにまぜ合わせる。

⑧大豆を厚手のポリ袋に入れて、空気を抜いて口をしぼり、手のひらで豆を押しつぶす。（すり鉢やハンディーフードプロセッサーを使用してもよい）**（写真2）**

⑨ほぐした糀につぶした大豆を入れてまぜ、全体が合わさったら固さを見ながら煮汁を加えてしっかりまぜる。

⑩ホワイトリカーで拭いて殺菌した保存容器に、味噌をひと握りずつ丸めて、容器の底に投げつけてから押しつぶし、詰めていく。**（写真3）**

⑪空気を抜くように表面をならし、**（写真4）**最後はなだらかな山にする。キッチンタオルなどにホワイトリカーを含ませて表面を拭く。

⑫空気が入らないようにラップをはり、端を容器の内側にそわせるように埋めこむ。**（写真5）**蓋をして冷暗所で保存。

⑬8月、土用の丑の日を過ぎたら天地返しをする。開封してしゃもじでかきまぜて上下を入れ替え、**（写真6）**ならす。味噌の表面、容器の縁をホワイトリカーで拭いて、ラップで封をする。

⑭ひと夏越して10月になったら食べられる。

（注）開封したときにカビが生えていても、カビの部分を丁寧にとり、焼酎、塩をふっておけば食べられる。

1

2

3

4

5

6

生の魚を酢でしめたものから焼きもの、煮もの、揚げもの、蒸しものなど、いろいろな調理法でつくります。多くは副菜として登場するものです。

酢じめ・昆布じめ

鯵《あじ》の酢じめ

鯵は、3〜4％の塩をしてしめます。

材料

鯵・塩・酢……………………各適宜

つくり方

①鯵は頭と内蔵をとって三枚におろし、腹骨をすきとる。裏表に塩をして10〜15分おく。

②水洗いして、水けを拭きとり、かぶる位の酢に5分以上浸ける。保存はこのままラップをして冷蔵庫へ。2日以内に食べきる。

上から／鯵を塩でしめる／酢でしめる

●鯵の酢じめを使って

鯵と胡瓜の酢のもの

酢じめ鯵中1尾・胡瓜・うど・青じそ……………各適宜

合わせ酢

- 酢……………………大匙2
- だし…………………大匙4
- 薄口醤油……………大匙1½
- 生姜のしぼり汁……小匙1

つくり方

①酢じめ鯵は、小骨を抜きとり、頭側から皮をひいて、斜め切りにする。

②胡瓜、うどは3㎝長さの3㎜角に切って水に放し、水けを拭きとる。

③鯵と胡瓜、うどを合わせ酢で和え、青じそをせん切りにし、水に放して水けをとって盛る。

しめ鯖《さば》

鯖が真っ白になるくらいに塩をきつくして（鯖の正味の重さの7〜8％）しめます。酢に漬ける時間は好みで、15分〜2時間位です。

つくり方

①鯖は三枚におろし、腹骨をすきとる。身がかくれるくらいに塩をふり、ラップをして7〜8時間冷蔵庫におき、しっかりしめる。

②水洗いして手早く水けを拭き、バットに並べてかぶるほどの酢を注ぐ。

③小骨を抜きとり、頭の側から薄皮をひく。

・盛りつけは白髪葱と茹でたいんげんを添え、胡瓜の上に辛子をのせて。

鯖を塩でしめる

しめ鯖（酢で約20分しめたもの）

白身魚の昆布じめ

ひらめや鯛などの白身魚をしばらくもたせたいときは、昆布じめにします。

つくり方

①昆布をかるく拭き、昆布と昆布の間に薄切りにした白身魚をすきまなく並べ、ラップできっちり包み、冷蔵庫で保存する。2〜3時間後から食べられ、4〜5日もつが、冷凍して自然解凍してもよい。

・長くしめ過ぎると身がかたくなるが、その時はあぶるとよい。

白身魚の昆布じめ

ひらめの昆布じめ

材料

昆布じめにしたひらめ　胡瓜　青じそ　莫大海《ばくだいかい》　花穂じそ　わさび

つくり方

①胡瓜は薄い小口切りにし、立て塩（水に対して3％の塩）に浸け、しぼっておく。

②莫大海は水でもどし、皮と筋をとっておく。

③器に胡瓜、手前に青じそをおき、ひらめを昆布からはずして盛りつけ、つまに莫大海と花穂じそをあしらい、わさびを添える。

・柑橘類のしぼり汁と醤油同割りの加減酢でいただく。

・莫大海《ばくだいかい》　中国産の柏樹の実。乾燥したものを水でもどすと、細い糸状になる。刺し身のつまなどに用いる。

ひらめの昆布じめ

漬ける・浸ける

粕漬け

甘塩の鮭のほか、鱈の切り身、いか、魚の子などを粕漬けにしておき、そのまま、または焼いて食べます。

材料

鮭（甘塩）……………………4切れ
酒粕…………………………400g
みりん………………………¼カップ

つくり方

①酒粕をみりんでとき、バットに半量を平らにのばす。水でぬらし、かたくしぼったガーゼを敷き、鮭を並べて、上にガーゼをかぶせ、粕床でおおう。

②ラップをかけ、冷蔵庫で保存する。3～4日目頃から食べ始める。

・塩のきつい魚は塩出ししてから。

・板粕の場合は、細かくちぎってみりんをかけ、柔らかくしてから使います。

粕漬け

粕漬け焼き

西京漬け

魚の味噌漬けです。味噌床は2回ほど使えますが、その後は青魚などを漬けておしまいにします。

材料

鰆、まながつお、鰆、甘鯛、鮭、いかなどの切り身……3～4切れ
塩……………………………適宜
西京味噌……………………300g
酒……………………………大匙3

つくり方

①魚の切り身はざるにのせて、両面かるく塩をふり（魚の重さの1％ほど）、20～30分おく。

②味噌と酒をよく練りまぜ、味噌床をつくり、バットに半量を平らにのばす。ぬらしてかたくしぼったガーゼの半分を敷き、水けをかるく拭きとった魚を並べて、ガーゼをかぶせ、残りの味噌床でおおう。

③ラップをかけ、冷蔵庫で1～3日漬けこむ。

魚介

鰆《さわら》の幽庵焼き

柚子入りの調味料に魚を浸けて冷蔵庫に入れておけば、2〜3日は大丈夫です。浸かりすぎを好まないなら、液からひき上げて冷凍して下さい。

材料

鰆……4切れ
醤油……大匙4
酒・みりん……各大匙2
柚子（薄切り）……2〜3枚

つくり方

調味料を合わせ、柚子と鰆を浸ける。浸け汁をきって、焦がさないように焼く。

鰆を調味料に浸ける

鰆の幽庵焼き（他の白身魚でもよい）

かつおの焼き浸し

かつおを焼いて、熱いうちに調味料に浸けて味をしませます。

材料

かつお……4切れ
酒・醤油・みりん……各1/3カップ
生姜（すりおろし）……20g

つくり方

①酒、醤油、みりん、おろし生姜をバットに合わせておく。
②かつおを両面焼いて、①の調味料に浸ける。

かつおの焼き浸し（鮭、ぶりなどでもよい）

いかの塩辛

新鮮ないかとわたを使って。

材料

いか（さしみ用）……1ぱい
塩・酒……各大匙1
醤油……数滴
柚子……適宜

つくり方

①いかは軟骨を抜き、わたは残す。身は縦に包丁を入れて開き、裏表ともかたくしぼった布巾を使って皮をひく。エンペラの皮もむき、足も1本ずつはなし、細切りにしておく。
②保存容器に入れ、塩と酒を加えてまぜ合わせ、冷蔵庫でひと晩おく。
③わたはすっかりおおうほどに塩（分量外）をからめて、ひと晩冷蔵庫でねかせる。
④翌日、わたの塩をとり除き、②の容器の中にしごき出す（わたに包丁を入れて中身をとり出し、たたくとまぜやすい）。醤油を数滴落とし、新しい割り箸でよくまぜる。
・日に2〜3回まぜます。5〜6日目から味がなれてきます。柚子の皮のせん切りを散らして盛りつけます。
・冷蔵庫で3週間位は大丈夫です。

いかの塩辛

たこといかの和風マリネ

かきのオイル漬け

いかの粕味噌和え

たこといかの和風マリネ

たこといかの梅酢味のマリネ。

材料

茹でたこ（薄切り）……100g
いか……1ぱい
塩……少々
生姜（薄切り）……15g
マリネ液
　梅酢……大匙2
　砂糖……小匙2
　薄口醤油……小匙1
　サラダ油……大匙6

つくり方

①いかはわたを抜いて輪切りにし、塩少々を入れた熱湯でさっと茹でる。
②たこといかを生姜の薄切りと共にマリネ液に浸ける。

かきのオイル漬け

味噌とともに蒸し煮したかきをオリーブオイルに漬けこんでおきます。前菜として、サラダの具として、工夫次第でいろいろに使えます。

材料

かき……500g
味噌……大匙2
みりん……大匙1
オリーブオイル……適量
赤唐辛子（種をとり小口切り）…1本

つくり方

①かきは塩水でよく振り洗いする。
②味噌をみりんでといておく。
③厚手鍋を十分温めてかきを入れ、から炒りする。色が変わり始めたら、といた味噌を入れ、弱火にして蓋をし、蒸し煮する。
④汁けがなくなってきたら蓋をとり、鍋をゆすりながら汁けをとばす。
⑤かきを冷まして保存瓶に入れ、オリーブオイルをひたひたに注ぎ、赤唐辛子を加える。
・日もちは冷蔵庫で3週間位。

いかの粕味噌和え

材料

いか（さしみ用）……½ぱい
塩……小匙¼
酒……小匙1
酒粕……100g
みりん……大匙1
味噌……大匙2
薄口醤油……小匙2
柚子……適宜

つくり方

①いかは塩辛の①と同じにし、塩と酒をまぶして、冷蔵庫にひと晩おく。
②酒粕にみりんを加え、電子レンジに60～70秒かけて柔らかくし、味噌と醤油をまぜ、粕味噌をつくる。
③下味をつけたいかの細切りを②で和える。盛りつけて柚子を添える。

鰯の梅干し煮

鰯は頭を落として1尾ごと、又は大きければ筒切りにして、生姜と梅干しを加えて煮つけます。

材料

鰯……6尾
生姜(せん切り)……20g
梅干し……1個
酒……$\frac{1}{4}$カップ
酢……大匙1
砂糖……大匙3
醤油……大匙4
みりん……大匙1

つくり方

①鰯は頭と内蔵をとってよく洗う。
②鍋に鰯がひと並べになるように並べ、生姜のせん切りと梅干し、酒を加え、水をひたひたまで入れ、酢を落として弱火で20分煮る。
③砂糖、醤油、みりんを加えて落とし蓋をし、煮汁がなくなるまでことこと煮る。
④煮汁がなくなりかけたら落とし蓋をはずして、鍋を傾けて煮汁をそっとすくい、魚の上からかけて照りを出す。

鰯の梅干し煮

さんまの辛煮

酢を加えてゆっくり、柔らかく煮ますので、骨ごと食べられます。

材料

さんま……4尾
酢・酒……各大匙2
砂糖・醤油……各大匙4
生姜(薄切り)……1片分

つくり方

①さんまは頭とわたをとってよく洗い、4つに筒切りにする。
②鍋にさんまを並べ、ひたひたの水を入れて弱火で煮立て、すぐに静かに煮こぼす。
③かぶるほどの水、酢、酒を加え、弱火で30分煮る。
④生姜を加え、砂糖と醤油を入れて落とし蓋をし、ごく弱火で約1時間、汁けがなくなるまで煮る。

さんまの辛煮

わかさぎの甘露煮

材料

わかさぎ……20尾
水……1カップ
酒……$\frac{1}{2}$カップ
みりん……$\frac{1}{3}$カップ
醤油……大匙2$\frac{1}{2}$
水あめ(または砂糖大匙1)…大匙1

つくり方

①わかさぎはオーブンシートを敷い

た天板に並べ、200℃のオーブンで少し焦げめがつくほどに6〜7分素焼きする。

②鍋に竹の皮を敷き（火の当りをやわらげ、焦げつきを防ぐ。とり出しやすい）、素焼きしたわかさぎを並べ、水と酒を加えて火にかけ、煮立ったらみりんと醤油を注ぎ、弱火にして煮汁がなくなるまで煮含める。最後に水あめを加え、とけたら火を止める。

わかさぎの甘露煮

穴子の甘辛煮

甘辛く煮つけた穴子はお惣菜にも、おべんとうにも、おすしのたねにもなります。

材料

穴子（開いたもの）……………4本
みりん・酒…………………各½カップ
薄口醤油……………………大匙3
生姜（せん切り）……………1片

つくり方

①穴子は包丁で両面のぬめりをとって3切れにし、熱湯に通す。

②鍋に調味料を合わせて煮立て、穴子を加えて軽い落とし蓋をし、14〜15分弱火で煮る。盛りつけに生姜のせん切りを添える。

穴子の甘辛煮と卵焼き

●穴子の甘辛煮を使って

卵焼き

材料

卵3個　砂糖大匙1　みりん小匙1　塩・薄口醤油各少々　穴子の甘辛煮（3つに切ったもの）6本　谷中生姜の酢漬け適宜

つくり方

①卵をよくときほぐし、調味料を加え万能漉し器で漉す。

②卵焼き器に油を満遍なくなじませ、卵液の⅓量を流しこみ、穴子を芯にして巻く。手前に寄せてあいたところに油を薄くなじませ、卵を向こう側にすべらせる。手前を油でなじませ、残りの½の卵液を流して巻きこんで、また同じように油をなじませて残りの卵液を流しこみ巻き上げる。巻きすにとって形を整える。

・切り分けて盛り、谷中生姜を添える。

かつおの角煮

おなじみのかつおの角煮。生姜をきかせて甘辛く。

材料

かつお……大1節（1/4尾分）
生姜（せん切り）……1片分
水……1/3カップ
酒……1/3カップ
砂糖……大匙2
みりん……大匙2
醤油……大匙5

つくり方

①かつおは節でもとめ、3cm角に切る。

②鍋に水と酒、砂糖、みりん、醤油を合わせて煮立て、1/3量まで煮つめたところで、せん切り生姜とかつおを入れ、汁けがなくなるまで中火弱で煮る。

●角煮を使って

かつおのそぼろ

材料

角煮300g　白胡麻大匙3　生姜少々

つくり方

角煮をフードプロセッサーにかけてそぼろ状にし、白胡麻とみじん切りにした生姜を混ぜる。

かつおの角煮とそぼろ

生節《なまりぶし》

かつおが安価に入手できるなら、自家製の生節はいかがでしょう。そのまま大根おろしで食べるほか、サラダ風にしたり、甘辛煮に展開することもできます。

材料

かつお……3節
酒……1/2カップ

生節

生姜（薄切り）……………………30g
塩……………………………………少々
せいろに敷くための葉（キャベツの外葉や谷中生姜の葉、茗荷の葉など）

つくり方

①かつおは、かるく塩をして10分ほどおく。
②中華せいろに葉を敷いてかつおをおき、酒を手でたたきつけるようにふりかけ、生姜をのせ、上からも葉でおおい、強火で15～18分、八分どおり蒸し、そのまま冷めるまでおく。

食べ方

できたての生節を大きめにちぎってたっぷりの大根おろしと万能葱、おろし生姜をかけ、醤油を添える。

●生節《なまりぶし》を使って

甘辛煮

材料

生節1節　酒大匙2½　みりん大匙2　砂糖大匙1　醤油大匙3　生姜の薄切り適宜

つくり方

①生節を大きくさいておく。
②調味料を合わせて⅓まで煮つめ、かつおと生姜を加えて汁けがなくなるまで煮る。

揚げ漬け

小鯵の南蛮酢

小鯵に片栗粉をつけてから揚げにし、だしと唐辛子の入った漬け汁に漬けます。

材料

小鯵……………………8尾
片栗粉…………………適量
揚げ油…………………適宜
長葱（焼き葱用）………1本
漬け汁
　酢…………………½カップ
　だし………………¼カップ
　醤油・砂糖…………各大匙2
長葱（小口切り）…………½本
生姜（せん切り）…………1片分
赤唐辛子（種をとって小口切り）…1本

つくり方

①漬け汁を合わせて煮立て、冷ましておく。冷めたところに葱、生姜、赤唐辛子を加えて南蛮酢にする。
②鯵はわたとぜいごをとって、よく洗い、水けを拭きとっておく。薄く片栗粉をまぶして、低温でゆっくり揚げ、一度とり出す。
③火を強めて温度を上げ、もう一度鯵をもどして、からりと揚げる。揚げたてを①の南蛮酢に漬ける。
・葱は1本のまま、直火で焦げめがつく位に焼き、3㎝ほどに切って①に漬けておき、鯵に添えて盛りつける。
・できたてをすぐ食べられる。保存は冷蔵庫で3～4日。

小鯵の南蛮酢

鯵の南蛮漬け

鯵を素揚げにし、玉葱とともに調味液に漬けこみます。「小鯵の南蛮酢」とちがい、こちらは漬け汁にだしが入りません。

材料

鯵（中）……………………4尾
玉葱（薄切り）……………1個
漬け汁
　酢…………………3/4カップ
　醤油………………1/3カップ
　赤唐辛子（種をとって小口切り）……1本
揚げ油…………………………適宜

つくり方

①漬け汁の酢と醤油を合わせ、玉葱の薄切りと赤唐辛子を加えておく。
②鯵はわたとぜいごを除き、よく洗って水けを拭きとる。
③揚げ油を160～170℃に熱して鯵を入れ、10分位かけてゆっくり揚げ、最後に温度を上げてからっと揚げ、揚げたての熱々を漬け汁に漬ける。

鯵の南蛮漬け

わかさぎの南蛮漬け

わかさぎを、野菜入りの調味液に漬けましたが、魚の種類はなんでもかまいません。前述の2種類の「南蛮漬け」同様、主菜にも前菜にもなるべんりな常備菜です。

材料

わかさぎ…………………15尾
牛乳………………………1カップ
片栗粉……………………適宜
揚げ油……………………適宜
漬け汁
　だし・酢……………各3/4カップ
　薄口醤油………………大匙1
　塩………………………小匙1
人参・蓮根……………各40～50g
万能葱……………………3本
赤唐辛子（種をとって小口切り）……1本

つくり方

①わかさぎは分量の牛乳に20～30分浸し、臭みをとる（わかさぎ以外の魚なら浸けなくてよい）。
②人参は3cm長さの細切り、葱は3cm長さに切り、赤唐辛子と共に漬け汁に加える。
③蓮根は薄切りにして、170℃の油でさっと火を通し、漬け汁に漬ける。
④わかさぎの汁けを拭きとり、片栗粉を薄くつけて、170℃に熱した油でかりっと揚げ、野菜の入った漬け汁にジュッと漬ける。なじむまで1時間ほどおくとよい。

わかさぎの南蛮漬け

ふりかけ・そぼろ・でんぶ

おべんとうに、ちらしずしの具に、手づくりのふりかけやでんぶを。

鱈《たら》のでんぶ

材料

生鱈（切り身）………………2切れ
酒…………………………大匙1
砂糖………………………大匙1
塩……………………ひとつまみ

つくり方

①鱈はたっぷりの水で茹で、沸騰し

たら中火で5～6分茹でる。
②水にとり、冷めるまでさらす。
③骨、血合いをとり除いてさらしの布巾で包み、しぼって水けをきり、すり鉢にとる。かたまりがなくなるまで力を入れすぎずにかるくすり、鍋に入れる。
④弱火にかけ、酒、砂糖、塩を加え菜箸4～5本で煎りつける。焦げつきそうになったら火から下ろして、鍋底をぬれ布巾に当てる。鱈がふわっとなるまで煎る。

左から／鮭のそぼろ／鱈のでんぶ

八色ふりかけの材料

鮭《さけ》のそぼろ

塩鮭の切り身でつくるそぼろです。

つくり方

①塩鮭（2切れ）は焼いて火を通す。（電子レンジならラップして4分、裏返して3分）
②皮と骨をとってから、布巾で包んで身をほぐし、鍋に移してから煎りする。
③煎り胡麻をまぜる。

八色ふりかけ

卵、塩たらこ、大根葉、梅干し、ちりめんじゃこ、桜えび、青海苔粉、糸鰹、8種類の具を合わせたふりかけです。

つくり方

卵

①卵（1個）はかた茹でにし、黄身だけをとり出してキッチンペーパーの上に広げ、電子レンジに1分かける。
②すり鉢に移して細かくすり、再びキッチンペーパーに平らにのせて1分、場所を変えたり、上下を返したりして1分、レンジにかける。

たらこ

①塩たらこ（25g）は包丁で皮に縦に切れ目を入れ、身をとり出す。
②キッチンペーパーに平らにのばし1分、上下を返して30秒レンジにかける。ほぐしてパラパラにする。

大根葉

①大根の葉（80g）は、ややきつめの塩湯で茹で、かたくしぼってみじん切りにする。キッチンペーパーに平らにおいて3分、上下を返して3分レンジにかけ、パラパラになればよい。柔らかければ、様子を見ながら1分ずつ足していく。
②冷めたら煎り胡麻をまぜる。

梅干しとじゃこ

①梅干し（2個）は種を除いてちぎって器におき、2～3回上下を返しながら4～5分レンジにかける。
②ちりめんじゃこ（15g）は、キッチンペーパーの上に広げ、レンジに2分かける。
③梅干しとじゃこをまぜる。

以上レンジでから煎りした材料に干し桜えび15g、青海苔粉・糸がつお各適宜をまぜ合わせてでき上がり。

肉の常備菜

肉の常備菜というと、かたまりで茹でる・煮る・オーブンで焼くなどして〝主菜〟になるもの、野菜や乾物ととり合わせて〝副菜〟として役立つものなどがあります。豚肉・鶏肉・牛肉を使った日もちするおかずとその食べ方を紹介します。

茹で豚

豚肉（部位は好み）を、水と酒だけで煮ておく方法です。ここでは1単位を300グラムにしてありますが、まとめてつくるなら、2単位、あるいはそれ以上の方が手間も時間もかからず効率的です。薄切りにして、好みのソースでいただきます。保存は、茹で汁に浸けたまま冷蔵庫で。冷凍するならスライスして。

茹で豚の梅ソースかけ　後方は胡麻ソースとりんごドレッシング

材料

豚もも肉（かたまり）……………300g
酒・水……………各½カップ

つくり方

肉が丁度入る鍋に豚肉と酒、水を入れ、煮立つまでは強火であとは弱火にして30〜40分茹でる。竹串をさして澄んだ汁が出てくれば茹で上がり。火を止め、冷めるまでおく。

・写真は茗荷としそを添えました。

ソース

・梅ソース（たたき梅大匙2　みりん小匙1　酒・醤油・だし各大匙1）

・胡麻ソース（練り胡麻大匙3　酢・醤油各大匙1　砂糖小匙2）

・りんごドレッシング（りんごのすりおろし¼個分　レモンのしぼり汁¼個分　玉葱のすりおろし¼個分　醤油½カップ　酒大匙2　胡麻油・砂糖各大匙1　にんにく・生姜すりおろし各少々）

豚肉の梅酒煮

豚肉の梅酒煮

豚肉を梅酒と醤油で煮ます。風味よくこってりと仕上がります。

材料

豚もも肉（かたまり）……………300g
梅酒……………1カップ
醤油……………⅓カップ
生姜（薄切り）……………1片分

つくり方

①たっぷりの熱湯に豚肉を入れ、表面が白っぽくなったらとり出す。
②肉が丁度入る鍋に肉を入れ、梅酒、醤油、生姜を加え、煮立つまでは強火にしてあくをとり、弱火に直して20分、裏返して20分煮る。
③煮汁を煮つめてソースにする。

揚げ煮豚

豚肉のかたまりをいったん油で揚げてから煮ます。

材料

豚肩ロース肉（かたまり）……300g
揚げ油（使ったものでよい）……適量
酒……大匙5
醤油……大匙4
砂糖・みりん……各大匙2

つくり方

①豚肉にひもをかけ、油で全体に焼き色がつくまで転がしながら揚げる。

②フライパンなどに調味料と揚げた豚を入れて弱火強で転がしながら、竹串を刺して赤い汁が出なくなるまで煮る。残った煮汁はたれにする。

揚げ煮豚　エシャロットを添えて

和風焼き豚

下味をつけた肉をオーブンで仕上げる方法です。

材料

豚肩ロース肉（かたまり）……600g
生姜（薄切り）……1片分
長葱……10cm
調味液（醤油大匙3　酒・みりん・砂糖各大匙1　味噌小匙2）

つくり方

①豚肉は縦半分の棒状に切る。

②厚手のポリ袋に調味液を入れ、豚肉、生姜、葱を入れてよくもみつけ、1～2日冷蔵庫で味を浸みこませる。ときどき上下を返す。

③天板に水をはって、網の上に豚肉をおき、220℃に熱したオーブンで10分おきに肉の向きを変えながら、30分焼く。竹串を刺して赤い汁が出なければ焼けている。

・写真は浅葱を下にしいて盛りつけました。

和風焼き豚

煮豚

水と醤油だけで煮ますので、あっさりとした味で、応用がききます。

材料

豚ロース肉（かたまり）……300g
水……2カップ
醤油……½カップ

つくり方

肉が丁度入る鍋に、肉と水と醤油を入れ、煮立つまでは強火であくをとり、弱火に直して、30～40分煮る。竹串をさして透明な汁が出てきたら、火を止めてそのまま冷ます。

・保存は煮汁に浸けたままで。

煮卵（煮豚の煮汁で）

煮豚をつくるとき、その煮汁で殻をむいた茹で卵を一緒に煮ておくと、つけ合わせにもよいものです。前菜やおべんとうのおかずにもなります。

煮豚と煮卵

蒸し鶏

鶏の胸肉やもも肉を酒蒸しにしておくと、なにかと重宝なものです。

材料

鶏胸肉……………………2枚
酒………………………大匙1
塩………………………小匙⅓

つくり方

①鶏肉は皮と脂をとって、皮目側をフォークの先でつついておく。
②耐熱皿に酒と塩をとき、鶏肉を入れ、10分ほどおいて下味をつけ、強火の蒸し器で12～13分蒸す。
・保存は蒸し上がった汁に浸けたまま、冷めてから冷蔵庫で。

蒸し鶏

●蒸し鶏を使って

かわりソース2種（みどり酢／コチュジャンソース）

さいた蒸し鶏を胡瓜など、好みの野菜と合わせ、かわりソース和えにして食べます。

つくり方

みどり酢（胡瓜1本　酢大匙1½　薄口醤油大匙½　砂糖ひとつまみ）胡瓜をおろしてかるくしぼったところに、調味する。
コチュジャンソース（コチュジャン・味噌・酢各大匙2）調味料をむらなくまぜ合わせる。

●蒸し鶏を使って

胡麻酢和え

材料

蒸し鶏¼枚分　胡瓜1本　生椎茸4枚　薄口醤油・酒各小匙1　胡麻酢（練り胡麻大匙2　砂糖・酢各大匙1）

つくり方

①蒸し鶏はさいておく。
②胡瓜は小口切りにし、塩水（水1カップに塩小匙1）につけてしんなりさせ、水けをしぼっておく。
③生椎茸は軸をとって布巾で拭き、網で焼いて薄口醤油と酒にさっとつけ、せん切りにする。
④練り胡麻に砂糖をまぜ、酢で少しずつのばして胡麻酢をつくり、蒸し鶏と胡瓜と焼き椎茸を和える。

●蒸し鶏を使って

トマトソース和え

このソースはパスタにも合います。

材料

トマト水煮缶大1缶　玉葱小1個　にんにく1片　赤唐辛子小1本　オリーブオイル大匙2　塩小匙½　胡椒適宜　黒オリーブの実適宜　イタリアンパセリ適宜　蒸し鶏1枚

つくり方

①フライパンにオイルを入れて弱火にかけ、玉葱の薄切り、にんにくのみじん切り、種を除いた唐辛子をちぎって加える。全体にオイルが回ったら、塩と強めの胡椒をして炒め、トマトを入れ、かるくつぶして蓋をし、20分煮てソースをつくる。
②ソースを皿にしき、温めた蒸し鶏を食べやすくさいてのせ、黒オリーブとイタリアンパセリを飾る。ソースと和えて食べる。

鶏肉の南蛮漬け

サラダ油で焼いた鶏肉を唐辛子入りの南蛮酢醤油に漬けこみます。

材料

鶏もも肉……1枚
漬け汁
　だし……⅓カップ
　酢……½カップ
　薄口醤油……大匙3
　みりん……大匙1
　生姜のしぼり汁……大匙½
　赤唐辛子……1本
サラダ油……大匙1
分葱……2〜3本

つくり方

①漬け汁は調味料を合わせ、生姜のしぼり汁、種をとって小口切りにした赤唐辛子を加える。

②鶏肉の皮目をフォークでつついて味をしみやすくし、フライパンにサラダ油を熱して、両面を九分通り焼き、熱々を漬け汁に漬ける。

③分葱は白い部分を4〜5cmに切り、鶏を焼いたあとのフライパンで焼き色がつくまで強火で焼き、鶏肉と一緒に漬ける。一晩おくと味がなじみ、4〜5日は十分おいしくいただける。

上から／鶏肉の南蛮漬け　揚げ鶏の胡麻酢漬け

揚げ鶏の胡麻酢漬け

揚げ鶏を胡麻酢に漬けこみました。

材料

鶏手羽中……8本
片栗粉……適量
胡麻酢
　練り胡麻・酢……各大匙2
　味噌……大匙1
　砂糖・醤油……各小匙1
長葱（みじん切り）……½本分
煎り胡麻……大匙2
揚げ油……適宜

つくり方

①ボウルに胡麻酢の材料を合わせておく。

②手羽中は骨にそって半分に切り、片栗粉をつけて、170℃に熱した油でからっと揚げ、直接胡麻酢に入れ、葱のみじん切りと煎り胡麻を加えて大きくまぜ合わせる。

鶏手羽のソース煮

鶏手羽のソース煮

骨つきの手羽肉をウスターソースと醤油で煮ます。

材料

鶏手羽中……12本
ウスターソース・醤油……各¼カップ
煎り胡麻……適量

つくり方

①平鍋にソースと醤油を煮立て、鶏を入れて上下を返しながら、中火弱で10分位煮る。

②汁けをきって煎り胡麻を全体にまぶす。

肉そぼろ

挽肉をそぼろにして常備するのは、もうどなたもなさっていることでしょうが、そぼろを使った例を二つだけ紹介します。(肉そぼろは中国風常備菜の頁にも掲載)

鶏そぼろ

材料

鶏挽肉……200g
酒・みりん……各大匙2
醤油……大匙3
砂糖……大匙1
生姜のしぼり汁……小匙1

つくり方

鍋に調味料すべてを入れて煮立て、挽肉を加えて、箸4～5本でかきまぜながら強火で炒りつけ、汁けがなくなったら生姜のしぼり汁を回し入れて火を止める。

牛そぼろ

材料

牛挽肉……300g
醤油・砂糖……各大匙3
みりん・酒……各大匙2
生姜(みじん切り)……15g

つくり方

鍋に調味料を入れ、⅓量まで煮つめ、挽肉と生姜を加え、汁けがなくなるまで炒り煮する。

鶏そぼろ

●鶏そぼろを使って

鶏そぼろの春野菜煮

鶏そぼろ100g　だし2カップ　薄口醤油小匙1　新じゃが(小粒)8個　グリンピース½カップ　水溶き片栗粉大匙1　針生姜適宜

つくり方

①新じゃがは皮をむき、水に放しておく。グリンピースは茹でる。
②新じゃがをだしで柔らかくなるまで煮る。
③鶏そぼろと醤油を加え、2～3分煮て味をなじませ、茹でたグリンピースを加え、水溶き片栗粉でとろみをつける。針生姜を添えて盛る。

●牛そぼろを使って

三色べんとう

2～3人分

材料

牛そぼろ200g　炒り卵(卵2個　砂糖小匙2　塩ひとつまみ)　絹さや30g　だし¼カップ　薄口醤油小匙½　梅酢生姜少々　ご飯適宜

つくり方

①鍋にほぐした卵を入れ調味してまぜ、柔らかめの炒り卵をつくる。
②絹さやは筋をとって茹で、水にとってせん切りにし、だしに薄口醤油を入れた中に10分ほどつける。
③お弁当箱または器にご飯をつめ、牛そぼろと炒り卵と絹さやを彩りよくのせ、梅酢生姜を添える。

肉味噌2種

白いご飯に、麺類に、蒸し鶏や豆腐炒めに、揚げ茄子にと、食べ方は工夫次第で自由自在の肉味噌です。

大豆入り肉味噌

材料

大豆……¼カップ

上から／大豆入り肉味噌　五目肉味噌

A
- 水……1カップ
- 醤油・みりん……各¼カップ
- 削りがつお……ひとつかみ

豚挽肉……100g
生姜（みじん切り）……15g
長葱（みじん切り）……15cm
水……¼カップ
砂糖……大匙½
味噌……大匙4
胡麻油……大匙1
麻の実……少々

つくり方

①Aを煮立てて漉しておく。
②大豆は厚手の鍋で気長にから炒りし、一粒食べてみて、青臭さがとれていたら、熱いままを①に3時間ほど浸ける。
③鍋に胡麻油を温めて挽肉を炒め、色が変わったら生姜と葱を加え、水、砂糖、味噌を入れてぽったりするまで練り、水けをきった浸け大豆と麻の実をまぜる。

五目肉味噌

材料

豚挽肉……100g
人参・ごぼう・蓮根……各50g
生椎茸……大1枚
赤味噌……大匙3
みりん……大匙2
サラダ油……大匙1

つくり方

①ごぼうと蓮根はさいの目に切って水に放し、水けをきっておく。人参、椎茸も同様に切る。
②鍋にサラダ油を温めて挽肉を炒め野菜を加えてなじませる。ひたひたに水を加えて煮、野菜が柔らかくなったら、味噌とみりんを加えてひと煮する。

のし鶏

のし鶏（味噌松風）

おもてなしや、おべんとうに。

材料

鶏挽肉（二度挽き）……400g
卵……1個
砂糖……大匙4
醤油……大匙1
味噌（中辛）……大匙2
けしの実……大匙4～5

つくり方

①挽肉はすり鉢に入れてすり、調味料と卵を加えてさらにする。
②アルミホイルに薄く油をぬり、挽肉を厚さ4～5cmに四角くまとめて表面を平らにする。
③表面にけしの実をふって、200℃のオーブンで10分、180℃にして15分焼く。表面が焦げそうなら、アルミホイルをかぶせる。

肉

牛肉とごぼうのしぐれ煮

牛肉は単独でしぐれ煮にもしますが、こうしてごぼうの薄切りと煮つけておくのもよいものです。

材料

牛肉赤身薄切り……200g
ごぼう……150g
生姜（せん切り）……15g
酒・醤油……各大匙3
砂糖……大匙1
みりん……大匙2
サラダ油……大匙1

牛肉とごぼうのしぐれ煮

つくり方

①ごぼうは1～2㎜厚さの斜め薄切りにして、薄い酢水に放し、水洗いして、水をきっておく。

②サラダ油を熱して食べよく切った牛肉を炒め、色が変わったら生姜とごぼうを入れてよく炒める。

③油がなじんだら調味し、火を弱めて汁けがなくなるまで炒りつける。

牛すじ肉の味噌煮こみ

牛すじと根菜類の煮こみです。

材料

牛すじ肉……600g

牛すじ肉の味噌煮こみ

大根（大きめのいちょう切り）……150g
人参（大きめのいちょう切り）……100g
ごぼう（薄切り）……100g
こんにゃく（ちぎる）……½枚
水……3カップ
酒……1カップ
砂糖・醤油……各大匙1
味噌……70g
万能葱……少々

つくり方

①牛すじ肉は水から茹でて、2～3回茹でこぼす。流水でよく洗い、脂分をとり除く。

②3カップの水に酒、すじ肉を入れて強火にかけ、沸騰したらあくをとりながら弱火に直し、軽い落とし蓋をして1時間ほどことこと煮る。

牛すね肉の醤油煮

③砂糖、醤油、味噌を加えて10分ほど煮、大根、人参、ごぼう、こんにゃくを入れ、野菜が柔らかくなるまで30分煮る。小口切りにした万能葱を散らす。

牛すね肉の醤油煮

材料

牛すね肉（かたまり）……300g
塩……少々
昆布……10㎝
酒……1カップ
醤油……大匙5
砂糖……小匙1

つくり方

①牛肉はたこ糸で巻き、塩少々をすりこむ。

②鍋に肉を入れて昆布、酒、水をかぶるほど加えて火にかけ、煮立つまでは強火で、あくをとったら弱火に直し、砂糖、醤油を加えてときどき上下を返しながら1時間煮る。

・肉は角切りにし、茹でたほうれん草を添え、白髪葱を天盛りにしました。

・大根を一緒に煮てもよいでしょう。

レバーの常備菜

レバーや砂肝などのたぐいは、ともすれば敬遠されがちですが、脂肪が少なく、ビタミンAや鉄分が豊富なので、機会をとらえて食卓にのせましょう。

鶏レバーのしぐれ煮

鶏のレバーは茹でこぼしてから、醤油、酒、砂糖などで味をつけます。

材料

鶏レバー……300g
醤油……大匙3
酒・砂糖……各大匙2
みりん……大匙1
生姜（せん切り）……15g
実山椒の佃煮（47頁）……適宜

つくり方

①鶏レバーは流水の下でよくさらし、血のかたまりを除きながら、食べよい大きさに切り、水から茹でこぼす。
②鍋にレバーを入れ、ひたひたよりちょっと上に水を加え、調味料と生姜を加える。
③煮立つまでは強火で、あとは中火の弱にし、汁けがなくなるまで煮る。実山椒を散らす。

牛レバーの味噌漬け

材料

牛レバー……300g
葱・にんにく・生姜・セロリの葉など、香味野菜……各少々
味噌……50g

つくり方

①牛レバーを2つに切って鍋に入れ、水をかぶるほど注ぎ、香味野菜を加え、20〜30分茹でる。
②厚手のポリ袋に味噌を入れ、茹でたレバーを加え、もみつける。
・できたてでも食べますが、1〜2日おくと、中まで味がしみこみます。
・胡瓜を小口切りにし、立て塩（1カップの水に塩6gをといたもの）に浸け、胡瓜がしんなりしたらよくしぼって添えました。

上から／鶏レバーのしぐれ煮　和風レバーペースト

●鶏レバーのしぐれ煮を使って

和風レバーペースト

材料

鶏レバーのしぐれ煮100g　アンチョビーフィレ2枚　オリーブオイル・ケイパー各大匙1

つくり方

レバーのしぐれ煮とアンチョビー、オリーブオイルをフードプロセッサーに入れ、ペースト状にする。ケイパーをまぜる。

牛レバーの味噌漬け

うずら卵の味噌漬け

小さなうずらの卵の黄身を味噌漬けにしておくと、箸休めやおべんとうに便利です。

材料

うずら卵の黄身……6〜8個
信州味噌……200〜250g
酒・みりん……各大匙1

うずら卵のカレー味　うずら卵の味噌漬け

つくり方

①味噌に酒、みりんを加えてまぜ合わせる。固ければ酒でゆるめる。
②密閉容器に味噌の2/3量を敷き、水でぬらしてかたくしぼったガーゼの片側半分をのせる。
③卵の数だけくぼみをつくり、うずらの黄身を入れていく。ガーゼの半分をそっとかぶせ、とりおいた味噌を上にのせる。1〜2日で固まる。
保存は冷蔵庫で1週間。
・固くなったら刻んでパスタにかけたり、サラダにまぜたりします。

●卵の味噌漬けを使って

冷や奴にちょっとのせ

冷たく冷やした豆腐の上に、味噌漬けのうずら卵とあさつきの小口切りをのせる。

うずら卵のカレー味

卵のカレー味ピクルスです。

材料

うずら卵……10個
漬け汁
　酢……1カップ
　水……大匙4
　砂糖・カレー粉……各大匙2
　ピクルススパイス……小匙2

つくり方

①うずらの卵は茹でて殻をむく。
②漬け汁の材料を合わせて煮立て、冷めたら卵にかけて瓶などで保存する。ときどき瓶をふって色を均等につける。

温泉卵

朝食によい温泉卵。殻つきのままなら、3〜4日はもちます。

材料

卵……4個
だし……大匙4
醤油……大匙1

つくり方

①卵は室温にもどしておく。
②鍋に水3カップを入れて沸騰させ、火を止める。水1カップを加えて静かに卵を入れ、蓋をして30分おく。
③卵をとり出して冷水で冷やす。
④だしと醤油を合わせてよく冷やしておく。器に卵を割り入れ、かけ汁を注ぎ、青柚子（分量外）をおろしてちらす。

洋風の常備菜

嶋田弥生

オーブンで焼いた野菜、野菜のオイル漬け、野菜と果物のベース、魚介のエスカベーシュ・マリネ、肉のマリネ、冷めてもおいしいミートローフ、リエット風肉のオイル漬けなど、これまでの洋風の日もちする料理に工夫と新味を加え、提案させていただきました。展開料理はヒントとして紹介しましたが、アイディア次第でこれ以外にもいろいろな使い方ができると思いますので、チャレンジなさってみてください。

しまだ・やよい
洋風を主とした家庭料理を学ぶ。現在は若い人を対象に自宅で指導している。函館在住。

焼き野菜

ヨーロッパの市場で、玉葱やピーマンの丸焼きを売っているのをみかけます。半調理して前菜や煮こみなどに使うようですが、家庭でももちろんできます。熱いうちに味を薄くつけておき、使う都度仕上げます。温めて温野菜に、マリネして野菜の一皿に、パスタの具に、カレーに、ソースにと使い回せます。焼き方は次のマリネの項に。

保存は水分が出ることもあるので、すのこつき容器に。

焼き野菜のマリネ

材料

玉葱（皮つきのまま）……………2個
ピーマン（赤・黄など）…………2個
米茄子（3㎜の輪切り）…………1個
オリーブオイル……………………少々
基本のビネグレットソース……適宜
にんにくベース（77頁参照）……少々
バルサミコ（あれば）……………少々
バジルの葉…………………………少々

焼き野菜

①オーブンを180℃にセットして点火。天板にオーブンペーパー（又はアルミホイル）を敷き、用意した野菜を並べ、オーブンに入れる。

②玉葱とピーマンは約30分間そのまま。茄子は片面にうっすら色がつき、乾燥したらひっくり返し、両面焼き色がついたものからとり出す。

③玉葱はさわって中がくたっと柔らかい感触だったらでき上がり。ピーマンは皮に焦げ色がつき、しわしわになっていればよい。オーブンから出し、そのまま完全に冷めるまでおく。

マリネ

④玉葱は皮をむき、細めの櫛形、又は1.5㎝の角切りにする。

⑤ピーマンも皮をむき、種をとって細切りにする。茄子は細切りにする。

⑥野菜をボウルに入れ、全体にオイルを少量ふりまぜてから、ビネグレットソース、にんにくベース、バルサミコで味をととのえる。

⑦バジルは供する前にまぜる。

基本のビネグレットソース　1単位

塩…………………………小匙1
酢…………………………大匙1
オイル……………………大匙3

●焼き野菜のマリネを使って

ご飯のサラダ

材料

米（リゾット用又は普通の米）1カップ　水1½カップ　オリーブオイル大匙½　塩ひとつまみ　焼き野菜のマリネ適宜　ビネグレットソース適宜　アーモンド・松の実など好みのナッツ（ローストして刻む）大匙2〜3　その他　レーズン・クレソン・胡瓜・セロリ・ラディッシュなど好みで

つくり方

①リゾット用の米は洗わずに鍋に入れ（普通の米なら洗ってざるに上げ、水けをしっかりきる）、水、オイル、塩を加えて蓋をせずに中火にかける。沸騰したら火を弱めて水分が少なくなるまで煮る。

②米の様子を確かめ、まだ堅いようなら湯を足し、芯が少し残る位に煮上げる。チリチリと音がし始めたら、木杓子でかきまぜ、ピラフのようになるまで水分をとばして火を止める。

③熱い内にバットに広げ、ビネグレットソースをかるくふって冷めるまでおく。

④焼き野菜のマリネを適宜加えて、味をととのえ、好みのナッツや野菜を加えて仕上げる。

焼き野菜のマリネ

保存のカレールウ

玉葱、茄子、にんにくでつくるカレールウ。このルウを何単位分か常備していると、不意の来客や帰宅が遅くなった日の食事用意に一役かいます。塩味はつけず、利用範囲を広くしてあります。

材料 1単位

玉葱……1/2個
茄子……1本（約130g）
にんにくベース……小匙1
オリーブオイル……大匙2
カレー粉（好みで増やす）…大匙1〜
ウスターソース……大匙1

つくり方

①玉葱はみじん切り、又は薄切り。茄子は皮をむいて薄切りにする。
②鍋にオイルを熱し、玉葱、茄子がどろどろになるまで炒める。
③ウスターソース、にんにくベースを加え、最後にカレー粉を入れて、香りが出てきたら火を止める。
④冷めてから保存容器に入れる。冷蔵庫で2週間は大丈夫。冷凍もよい。

にんにくベース

カレーなど煮こみの調味料に、ガーリックトーストに、その他いろいろに使えるので、これほど重宝な調味料はありません。この分量で150cc入りの瓶1本分できます。

材料

にんにく（皮つき丸ごと）……2玉
塩……小匙1/8
オリーブオイル……小匙1〜2

●焼き野菜のマリネを使って

即席カレー

材料

保存のカレールウ1単位　ブイヨン又は水3カップ　ウスターソース又は醤油大匙1/2〜1　焼き野菜のマリネ1カップ強　塩・胡椒各適宜

つくり方

①カレールウ、ブイヨンを鍋に入れ、温め、ウスターソースを加える。
②ルウが熱くなったら、野菜のマリネを加え、塩、胡椒で味をととのえる。ひと煮立ちしたらでき上がり。

つくり方

①オーブンを180℃にセットし、点火。
②天板にアルミホイルを敷いてにんにくをのせ、オーブンに入れる。
③30分位して、にんにくの中身がふわふわに柔らかくなったら、オーブンから出し、冷めるまでおく。
④皮をむき、スプーンでつぶして塩、オイルを加え、瓶に詰める。
・冷蔵庫で保存。1年間は十分大丈夫。
・他の野菜ベース、フルーツベースは95頁に紹介してあります。

焼きにんにくとにんにくベース

野菜のオイル漬け
左から　じゃが芋　トマト　茄子

野菜のオイル漬け

基本のマリネ液の中で、野菜を煮てからオイル漬けにして保存します。パスタ、野菜サラダの具に、また調味料としてハンバーグやグラタン、ソースに加えます。漬けたオイルも風味が移っているので使えます。

基本のマリネ液　1単位

穀物酢……300cc
ワインビネガー……100cc
塩……小匙½〜1
砂糖……大匙2
ローリエ……1枚
ローズマリー（生なら1枝）…適宜
セージ（生なら1枝）……適宜

じゃが芋のオイル漬け

材料

じゃが芋……500g
玉葱……1個
基本のマリネ液……1単位
オリーブオイル……適宜

つくり方

①じゃが芋の皮をむき、3㎜厚さの輪切り又は半月切りにし、水で2〜3回すすぎ、水けをきる。玉葱は5㎜〜1㎝の角切りにする。

②鍋に基本のマリネ液を入れ、ひと煮立ちさせてから、じゃが芋を少しずつ入れては沸騰後3分位煮てざるに上げ、余分な水けをきりながら冷ます。固めの茹で加減がポイント。その後玉葱をマリネ液に入れて沸騰したらとり出し、水けをきる。

③冷めたら両方合わせて瓶に詰め、材料がかくれる量のオイルを注ぐ。冷蔵庫で保存し、最低5日ねかせてから使う。1カ月は保存可能。

茄子のオイル漬け

材料

茄子……600g
基本のマリネ液……1単位
オリーブオイル……適宜

つくり方

①基本のマリネ液の材料をひと煮立ちさせる。

②茄子のへたを残して皮をむく。

③マリネ液に茄子を入れ、ことことと煮る。柔らかすぎぬように、かつ味がしみこむように煮含めたら、茄子をざるにとり、余分な水分を落と

●じゃが芋のオイル漬けを使って

ホットポテトサラダ

材料

じゃが芋のオイル漬け2カップ　白菜（ざく切り）3枚　オイル漬けのオイル大匙1½〜2　塩・胡椒　レモン汁少々　砂糖ひとつまみ　他に好みでハムのせん切り　オリーブの実　パセリのみじん切り　サラダ菜各適宜

つくり方

①フライパンにオイル漬けのオイルを入れて熱くし、白菜をさっと炒める。塩、胡椒し、じゃが芋を加えて炒め、味をみて塩、胡椒、レモン汁、砂糖で調味し、火を止める。

②サラダ菜をしいて盛り、パセリをふり、ハム、オリーブの実を飾る。

しながら冷ます。

④瓶に詰め、オイルを茄子がかくれるほど注ぐ。冷蔵庫に入れておくと、1週間位で味がなじむ。1カ月は保存可能。

トマトのオイル漬け

材料

トマト(熟していて実のしっかりしたもの)……6個
基本のマリネ液……1単位
オリーブオイル……適宜

つくり方

①トマトは湯むきし、縦4つ割りにして種を除く。

②基本のマリネ液1単位をひと煮立ちさせる。

③トマトを少しずつ入れて静かに加熱し、トマトが熱くなったらざるに上げていく。トマトがくずれるほど煮ないように。

④冷めたら瓶に詰め、上からオイルを注ぐ。冷蔵庫に入れて5日位で使えるようになる。

ブロッコリーのオイル漬け

これは、茹でたブロッコリーをナッツ入りのオイルに漬けたものです。保存は瓶に詰めて冷蔵庫で5日間位です。使い方は〝パスタと和える〟〝ミキサーにかけたもの大匙2杯をビネグレットソース1カップとまぜて野菜を和える〟、同じく〝マヨネーズやホワイトソースに加えてグリーンソースをつくる〟など。

材料

ブロッコリー……大2個
カシューナッツ……2つかみ
アーモンド(皮なし)……2つかみ
オリーブオイル……適量

つくり方

①ブロッコリーは小房に分ける。軸は皮を厚くむき、小さく切る。

②たっぷりの湯を沸かし、塩を入れ、煮立ったらブロッコリーを柔らかめに茹で、ざるに上げておく。

③ナッツが重ならないように入る大きさの鍋にナッツとひたひたのオリーブオイルを入れて火(中火の弱)にかけ、ぐつぐつしてきたら弱火にし、ナッツがうっすら色づき、香ばしくなったら火を止め、そのまま冷ます。

④オイルごとミキサーにかけ、ナッツを粗みじんにする。

⑤容器にブロッコリーを入れ、ナッツオイルを注ぎ、足りなければオイルを足して、表面を覆う。

●3つのオイル漬けを使って

茄子とトマトのペンネ

4人分

材料

ペンネ300g　キャベツ角切り2つかみ(100～150g)　ソース(オイル漬けの茄子刻んで大匙5　オイル漬けのオイル大匙5　塩・胡椒各少々　生クリーム大匙5　オイル漬けのトマト刻んで2個分　オイル漬けのじゃが芋適宜)　パセリみじん切り・パルメザンチーズ各適宜

つくり方

①パスタソースをつくる。小鍋に茄子のオイル漬けとオイルを入れて火にかけ、ピュレ状にする。かるく塩、胡椒し、火を止める。

②湯を沸かし、清汁の味位の塩(湯1ℓに塩小匙1のめやす)を加え、まずキャベツを茹でてざるに上げる。次にペンネを茹で、茹で上がる少し手前で、もう一度キャベツを入れて温める。

③ソースを温め、生クリーム、トマト、じゃが芋を加え、火を止める。

④ペンネとキャベツの水けをよくきり、ソースと和える。盛りつけてからチーズとパセリをふる。

ブロッコリーのオイル漬け

●ブロッコリーのオイル漬けを使って

パスタソース

材料　4人分

ブロッコリーのオイル漬け1カップ強　オリーブオイル少々　塩・胡椒・パルメザンチーズ適宜　ナツメッグ少々　好みのパスタ300g　じゃが芋（4～5㎜厚さの半月切り）小2個

つくり方

①パスタソースをつくる。鍋にブロッコリーのオイル漬けを入れ、オリーブオイルを加えてゆるめ、ブロッコリーをつぶしながら温める。チーズ、塩、胡椒で調味し、火を止める。

②湯を沸かし、清汁程度の塩加減にし（湯1ℓに塩小匙1のめやす）、まずじゃが芋を茹でてざるにとる。

③次にパスタを茹で、茹で上がりの少し前に②のじゃが芋をもう一度同じ湯で温める。

④同時にパスタソースを熱くしておき、茹でたてのパスタとじゃが芋の水けをきって熱々のソースをからめ、ナツメッグをふる。

ラタトゥーユ

ラタトゥイユ

夏野菜をオリーブオイルで煮こんだフランス・プロバンス地方の蒸し煮料理。野菜がたっぷりとれることと日もちすることから、今では日本の家庭料理の中にもすっかり定着しています。

材料

茄子（輪切り）……………5本
ズッキーニ（1㎝厚さに切る）…2本
赤・緑ピーマン（乱切り）……各1個
トマト（皮と種を除き乱切り・半分は細かく切る）…………大1～1½個
玉葱（乱切り）……………中2個
にんにく（つぶす）…………2片
塩・胡椒……………………適宜
オレガノ・セージ・タイム・ローリエ……………………適宜
オリーブオイル…………大匙2

つくり方

①厚手鍋にオリーブオイルを入れて火にかけ、玉葱をしんなりするまで炒める。

②にんにく、ハーブ類を加えて炒める。

③赤と緑のピーマンを加えて炒め、細かく切ったトマトを加える。

④オイルが足りなければ足し、茄子を加え、色が鮮やかになったらズッキーニを加えて炒め、塩、胡椒する。蓋をして弱火で10分位蒸し煮する。

⑤最後に乱切りにしたトマトを加え、さらに蓋をして5分蒸し煮にする。盛りつけてから好みでバジルを飾る。

・前菜の一皿としても、また魚や肉料理のつけ合わせにもよい料理です。冷めてからでもおいしいので、朝食の一品にも、おべんとうのおかずにも向きます。

●ラタトゥイユを使って

白身魚のムニエル・ラタトゥイユソース

1人分

材料

白身魚切り身1枚　塩・胡椒少々　強力粉（衣用）少々　バター・オリーブオイル各大匙1　ソース（ラタトゥイユ大匙3位　白ワイン大匙1）

つくり方

①魚に塩、胡椒をして冷蔵庫で20分位おき、水けをよく拭いてから粉をたっぷりまぶす。

②フライパンにオイルとバターを熱くして、バターが狐色になり始めたところへ余分な粉を落とした魚を入れ、強火で一気に焼き色をつける。すぐに返し、強火でひと呼吸焼いたら火を弱め、中まで火を通す。仕上げに再び強火にし、すぐペーパータオルにとってから皿に移す。

③ラタトゥイユを小鍋にとり、ワインを加えて火にかけ、煮立ったら魚にかける。

・写真は小さめのひらめを使い、つけ合わせはマッシュポテトです。

レンズ豆とチキン入りラタトゥイユ

豆とチキンを加えた主菜になるラタトゥイユ。豆はレンズ豆以外の好みのものでもよく、一度にたっぷり煮こみます。

材料　6〜8人分

レンズ豆（乾）……200g
塩……少々
ローリエ……1枚
鶏もも又は胸肉（そぎ切り）……2枚
塩……小匙1
胡椒……少々
玉葱（1cm角切り）……1個
黄ピーマン（2cm角切り）……1個
茄子（2cm強の角切り）……1個
トマト（皮と種を除く・2cmの角切り）・2個
ズッキーニ（2cmの角切り）……1本
にんにくベース（77頁参照）・小匙1
パセリ（みじん切り）……大匙3
オリーブオイル……大匙2
ブイヨン（又は水＋固形ブイヨン½個）200cc

つくり方

①豆はさっと水洗いし、塩少々を加えたたっぷりの水に一晩浸ける。

②ざるに上げて浸け汁を捨て、豆は深鍋に入れて新たにかぶる位の水と塩、ローリエを入れて火にかける。煮立ったら火を弱めてあくをとり、しずかに煮立つ位の火加減で、蓋をして、豆が柔らかくなるまで煮る。

③蓋をしたまま冷ます。

④豆と煮汁に分け、煮汁は捨てる。

⑤ラタトゥイユをつくる。鍋にオイルを温め、玉葱を入れ、蓋をしてしんなりするまで弱火で蒸し煮する。

⑥塩、胡椒をもみこんだ鶏肉を加え、蓋をして弱火で5分蒸らす。

⑦ピーマンと茄子を加え、蓋をしてしんなりしたらズッキーニ、豆、ブイヨン、パセリ、にんにくベースを加える。蓋をとって中火で水分をとばしていく。最後にトマトを加え、さっと火を入れて熱くなったら、塩加減をみて仕上げる。

レンズ豆とチキン入りラタトゥイユ

エスカベーシュ　鮭（左上）　帆立貝（右上）
鯛（左下）　わかさぎ（右下）

エスカベーシュ

揚げた魚介を酢漬け又は酢油漬けにしたものです。ここでは、5種類のエスカベーシュを紹介しますが、基本のビネグレットソースだけが共通。魚と一緒に漬けこむ野菜の組み合わせは自由です。

共通のつくり方

①魚介の下ごしらえをする。
大きな魚はおろして骨をとって、食べやすい大きさにし、塩、胡椒、(青魚なら白ワインや生姜汁をふって15分ほどおく。いかや帆立には不要)。

②玉葱はみじん切り、又は薄切りにして水にさらしておく。他の野菜もせん切りなどにする。

③魚介に粉をまぶして揚げ、熱いうちに玉葱を加え、ビネグレットソース適量をふって和える。

④他の野菜は、生のまま又は揚げて一緒に和える。

・保存は冷蔵庫で、3~5日。

基本のビネグレットソース　1単位

塩……………………………………小匙1
ワインビネガー……………………大匙1
オイル(サラダオイル又はオリーブオイル)………………………………大匙3

この配合は、塩けが強く、酸味よりもオイルがかっているので、少量で十分。かけた材料をコーティングし、水分が流れ出るのを防ぐので、料理がソースでだぶだぶになりません。

鯵《あじ》(青魚)のエスカベーシュ

材料　6人分

鯵……………2~3尾(小鯵なら12尾)
塩・胡椒……………………………各少々
生姜汁………………………………小匙2
白ワイン(又は酒)…………………小匙2
小麦粉…………………………………適宜
揚げ油…………………………………適宜
玉葱(みじん切り・水にさらす)
……………………………………………½個
ビネグレットソース…………………適宜
パセリ(みじん切り)…………………適宜

つくり方

①鯵は3枚におろし、好みの一口大に切る。塩、胡椒し、生姜汁、白ワインをふってかるくまぜ、冷蔵庫に15分ほどおく。

②鯵の水けを拭いて、粉をまぶし、中温強の油で少しずつ揚げる。一度紙にとって油をきってから、容器に入れ、熱いうちにソースをふる。

③水けをきった玉葱を加えて和え、できれば最低30分冷蔵庫で冷やす。

④味をみて、足りなければソースを加え、彩りに好みの野菜を散らす。

鯛《たい》(白身魚)のエスカベーシュ

材料　6人分

鯛(刺し身用・小ぶりのもの)
……………………………………半身2枚
塩・胡椒………………………………少々
タイム…………………………………少々
小麦粉…………………………………適宜
揚げ油…………………………………適宜
玉葱(みじん切り又は薄切り)……½個
(長葱みじん切り又は白髪葱でもよい)
セロリ(みじん切り)………………1本
ビネグレットソース…………………適宜

つくり方

①魚は好みの一口大にして、塩、胡椒、タイムをふり、冷蔵庫に15分ほどおく。

②水けを拭き、粉をまぶし、揚げる。このあとは鯵と同じ。

鮭《さけ》のエスカベーシュ

材料　6人分

生鮭(鱒《ます》でもよい)………300g
レモン汁……………………………大匙1

鯵のエスカベーシュ

鮭のエスカベーシュ

わかさぎのエスカベーシュ

胡椒……少々
小麦粉……適宜
揚げ油……適宜
玉葱（薄切り・水にさらす）……½個
黄ピーマン（細切り）……½個
ケイパー……小匙2
ビネグレットソース……適宜
ガラムマサラ（ペースト又はパウダー）……小匙⅓
にんにくベース……小匙¼

つくり方

①鮭を一口大の角切りにし、レモン汁、胡椒をまぶし、冷蔵庫で30分おく。水けをきった玉葱を器に敷いておく。

②鮭の水けを拭き、粉をまぶす。

③中温の油で、まずピーマンを揚げる。続いて鮭を揚げ、熱いところにソースをふり、ガラムマサラ、にんにくベース、ピーマン、ケイパーを加え、全体にからませる。

（このあとは鰺の項参照）

わかさぎ（小魚）のエスカベーシュ

材料 6人分

わかさぎ……300g
胡椒……少々
小麦粉……適宜
揚げ油……適宜
人参……5cm
セロリ……⅓本
玉葱（薄切り）……⅓個
ビネグレットソース……適宜
タラゴン（乾）……適宜

つくり方

①人参、セロリはマッチ棒状に切る。玉葱は水にさらす。

②わかさぎは冷凍なら冷蔵庫で解凍する。水けを拭き、粉をまぶす。

③揚げ油を熱し、中温で人参、セロリを素揚げにする。

④わかさぎを少しずつ揚げ、紙にとってから器に入れ、ソースとタラゴンをふる。玉葱、人参、セロリをからませる。

帆立貝のエスカベーシュ

材料 6人分

帆立貝（小ぶりのもの）……6個
胡椒……少々
小麦粉……適宜
揚げ油……適宜
ビネグレットソース……大匙2〜4
オレンジの皮のすりおろし…小匙1
エシャロット（みじん切り）…大匙2
（又は玉葱みじん切り・水にさらす）
煎り胡麻……少々

つくり方

①貝の口をあけ、ひも、貝柱、コライユ（赤身の部分）に分け、水洗いして水分を拭う。ひもは短く切り、貝柱は横二つに切る。

②粉をまぶし、油を熱し始める。器を用意し、エシャロットを入れておく。

③中温の油で①の帆立貝すべてを少しずつ揚げては、紙で油けをとって器に入れ、オレンジの皮のすりおろしを加えたソースをかけ、エシャロットをからませる。胡麻など（パセリのみじん切りでもよい）をふる。

鱈のマリネトマト風味

魚のマリネ

魚介を塩と酢でしめてから、又は茹でてから、マリネ液に漬けこみます。そこに加えるスパイスや香味野菜などでいろいろな味に変化させることができます。

鱈《たら》のマリネトマト風味

オイルを使わないので、あっさりとした口当たりのマリネです。魚は鱈でも鰯でもよく、蒸し煮したものに、トマトベース（94頁参照）をかけます。好みで、醤油、胡麻油、味噌などを加えてもよいでしょう。

材料 **4人分**

真鱈……………………半身分
塩・胡椒(少し強めに)…………適宜
茹で汁
- 砂糖…………………………大匙½
- 酢(又はレモン汁)…………大匙1
- 白ワイン……………………¼カップ
- ローリエ……………………1枚
- 魚のだし……………………1カップ位
- (又は水1カップに中華の鶏ガラスープ顆粒小匙½)

トマトベース(94頁参照)大匙4～6

つくり方

①魚の皮と骨をとり、4切れにする。塩、胡椒し、冷蔵庫に30分おく。

②魚をひと並べできる大きさの平鍋に茹で汁の材料を入れ、ひと煮立ちさせて、火を弱める。(茹で汁の量は魚の厚みの⅓位の高さになるように加減する)

③魚の水けを拭い、静かに煮立っている茹で汁に入れる。きっちりと蓋をして4～5分蒸し煮し、火を止める。冷めるまでそのままおき、塩加減をみる。このとき塩けが少ないようなら、トマトベースに塩を加える。

④魚をとり出して水けをペーパータオルで拭い、器にひと並べして、上からトマトベースをかける。

いかのマリネ

いかのマリネ

ワインビネガー入りの茹で汁でいかを茹で、マリネ液に浸けます。大きないかの場合は茹で過ぎるとかたくなりますので、ご注意を。

材料

いか(小ぶりのもの)…………10ぱい
(ヒイカなら20ぱい)
茹で汁
- 水……………………1½カップ
- ワインビネガー(又は酢)…大匙2

にんにく……………2~3片
塩・胡椒……………少々
砂糖…………………小匙1
ローリエ……………1枚

マリネ液
ワインビネガー………大匙1
塩……………………小匙1
オイル（野菜のオイル漬けのオイルならさらによい）……大匙3
胡椒…………………少々
タラゴン（好みのハーブでよい）……………少々

つくり方

①いかはわたと共に足を引き抜く。内蔵は不要。皮をむき、胴の中に足を詰め、胴の表面の2カ所位に横に切れ目を入れる。

②いかがひと並べになる平鍋に、ビネガー以外の茹で汁の材料を煮立て、弱火で5分煮て、味だしをしておく。

③ビネガーを加え、いかを入れる。強火で煮立てたら落とし蓋をし、さらにきせ蓋をして中火で3分煮、そのまま10分おく。いかをざるに上げ、余分な水分をきる。

④マリネ液をバットに入れ、いかを浸けこむ。茹で汁のにんにくやローリエも一緒に入れる。一晩おけば食べられる。保存は冷蔵庫で約5日間。

・オリーブオイルを使った場合は、冷えると固まるので、供する前に室温にもどしておきます。

・茹で汁のにんにくの代わりににんにくベース（77頁）を使うときは、マリネ液に入れます。

白身魚のロールマリネ

鯛、平目などの白身魚や、鰺、鮭などでつくります。魚にケイパーとオリーブの実などを巻きこんでビネグレットソース入りの煮汁で蒸し煮したものです。

材料

白身魚（3枚おろし）……2枚（150g）
ケイパー…………………小匙1
ブラックオリーブ（粗みじん切り）……………6粒
長葱（みじん切り）………大匙山1
白ワイン……………………50cc
塩……………………………小匙¼
砂糖…………………………ひとつまみ
ビネグレットソース……大匙½~1

つくり方

①魚は片身を観音開きの要領で薄く開く。魚の2倍の大きさのオーブンシートに魚をはさみ、肉たたき（ビール瓶などでもよい）で静かにたたいて、身を薄くのばす。

②魚の皮目が外側にくるようにオーブンシートを開き、ケイパー、オリーブ、葱を全体にちらす。

③オーブンシートの上で、魚を太巻きの要領で巻き、巻き終わりを下にしておく。

④魚がひと並べできる浅鍋に、白ワイン、塩、砂糖を入れて煮立たせる。

⑤魚をオーブンシートにのせたまま鍋に入れ、ビネグレットソースをかけ、沸騰したらごく弱火にして蓋をし、4分位蒸し煮にする。

⑥身が白っぽくなり、しっかりした感触になったら火から下ろし、蓋をしたまま冷ます。

⑦煮汁ごとポリ袋に入れ（マリネ液が少量でも浸かりやすい）、冷蔵庫で保存。3~5日間はおいしく食べられる。

・供するときは、好みの厚さにスライスして。いくらの塩漬けを添えたり、生クリームとマヨネーズをまぜたソースをかけるとお客料理になります。

白身魚のロールマリネ

魚介のトマト煮

魚介のトマト煮

いか、たこは中途半端に火を通すとかたくなります。調理してすぐ食べるものやマリネするものは、さっと加熱し、常備菜のようにしばらくおくものは、じっくり煮ます。

材料　**6人分**

いか(体長17cm位のもの)……2はい
たこの足(茹で)……1本
オリーブオイル……大匙1
水……300cc
トマトジュース……小1缶(190cc)
ウスターソース……小匙2
ワインビネガー(又は酢)……大匙1
にんにく(縦二つ切り)……2〜3片
玉葱(薄切り)……大1個
塩・胡椒……少々
バジルの葉(好みで散らす)……適宜

つくり方

①いかはわたと共に足を抜き(内臓は不要)、足と胴を食べやすい大きさに切る。
②たこはぶつ切りにする。
③平鍋に玉葱とバジル以外の材料を入れ、煮立ったら弱火にし、蓋をして30分位煮る。
④玉葱を加え、蓋をしてさらに2時間煮る。途中水分が足りなければ水を足し、ゆっくりと煮る。
⑤玉葱が煮くずれ、いか、たこが柔らかくなって、とろみがつく位の水分量になったらでき上がり。水分が多ければ蓋をとって煮つめる。最後に味を確認し、塩、胡椒する。

●魚介のトマト煮を使って

海の幸のピッツア

不意の来客時に、フリーザーから生地を、冷蔵庫からこのトマト煮を出してオーブンへ。できたてのおいしいピッツアをどうぞ。

材料

生地1単位(強力粉500g　塩小匙2　ドライイースト小匙1　湯(40〜45℃)350cc　オリーブオイル大匙1)
23cmの天板1枚分(ピッツアの生地1/4単位　オリーブオイル適宜　ナチュラルチーズ適宜　魚介のトマト煮適宜　バター少々　生トマト　赤ピーマンなど適宜)

ピッツア生地のつくり方

①ボウルに粉をふるって、イーストを入れ、反対側に塩を入れ、手でさっとかきまぜる。
②お湯を一気に入れ、手早くまぜて均一にし、艶と強い粘りが出るまでこねる。オイルを加えてまぜる。
③別のボウルにオイルをぬり、こねたたねを移し、ラップをかぶせて室温又はやや温かい場所におき、2倍にふくらむまで発酵させる。
・残ったら冷蔵庫で3〜4日、フリーザーなら1カ月おける。

海の幸のピッツアのつくり方

①天板にバターをぬっておく。
②ピッツアの生地を手か麺棒で天板のサイズに合わせてのばす。
③オーブンを200℃に温める。
④ピッツア生地にオリーブオイルをふり、その上にチーズを散らし、トマト煮と、好みで刻んだ生トマトをのせる。もう一度チーズとオイルをふりかけ、オーブンに入れる。
⑤表面がグツグツして、周りの生地がしっかりしたら焼けている。時間にして15〜20分位。
・好みでオリーブの実をのせて焼いてもよい。
・写真の生地は、ちょっとかわった食感と風味を楽しむために、強力粉400gに全粒粉100gをまぜ、黒ビール200ccと湯150ccでこねたものです。飾りはバジル。

豆

豆の煮こみ

洋風煮豆

キドニービーンズを香味野菜やハムと煮こんだものです。乾豆がなければ缶詰、又は金時豆でもよいでしょう。

材料 **4～6人分**

キドニービーンズ(乾)……200g
玉葱(すりおろし)……1個
人参(1cm角切り)……½本
セロリ(1cm角切り)……½本
ピーマン(5mm角切り)……2個
ロースハム(1cm角切り)…½カップ
豆の煮汁……300cc
(足りなければ水を足す)
固形ブイヨンの素……½個
ウスターソース……大匙1～2
塩・胡椒・ナツメッグ……適宜

洋風煮豆

うずら豆のカレー

つくり方

①豆を洗ってたっぷりの水に一晩浸けておく。浸けた水を捨て、鍋に豆と新たにかぶる位の水と塩小匙1杯(分量外)を入れて火にかける。沸騰したらあくをとり、弱火で豆が柔らかくなるまで煮、冷ましてから漉して、豆と煮汁に分ける。

②鍋に煮汁、ブイヨンの素、ウスターソースを入れて火にかけ煮立てる。玉葱、人参、セロリ、ピーマン、豆、ナツメッグを入れ、煮立ったら弱火にし、野菜が柔らかくなるまで煮る。

③最後にハムを加え、水分がとぶまで煮て、塩、胡椒で味をととのえる。

うずら豆のカレー

豆のカレー味煮こみ。保存のカレールウを使ってつくります。ご飯にもパンにも合います。

材料 **4～6人分**

うずら豆(乾)……120g
塩……小匙¼
ローリエ……1枚
玉葱……½個
人参……½本
セロリ……½本
保存のカレールウ(77頁参照)……1単位
豆の茹で汁＋水……3カップ
固形ブイヨンの素……1～2個

つくり方

①さっとすすいで、たっぷりの水に一晩浸けておいた豆を、浸け水ごと鍋に入れ、塩、ローリエを加えて火にかける。沸騰したら弱火にしてあくをとり、蓋をして茹でる。柔らかくなったら火を止め、蓋をしたまま冷めるまでおき、豆と茹で汁に分けておく。

②玉葱、人参、セロリを1.5cm角に切っておく。

③鍋に保存のカレールウ、豆の茹で汁と水を入れて温め、固形ブイヨンを加えて煮溶かしたところへ、②の野菜を加えて10分程煮、豆も加え、野菜が柔らかくなるまで煮る(途中味を確認する)。

・豆の種類は好みでよいが、レンズ豆や小豆のようにあくが強いものは、茹で汁は使わず水だけにします。

・豚挽肉を150g位、炒めて加えてもおいしいものです。

肉のマリネ3種

肉をかたまりのまま、オーブンで焼いてから、または茹でてから、それぞれ合わせておいたマリネ液に浸けて、味をしみこませます。厚切りや角切りで主菜に、薄くスライスしてサラダやサンドイッチになど、展開はいろいろにできます。

左から／牛もも肉　豚ロース　牛タンの味噌マリネ

豚ロースのマリネ

肉をマリネ液ごと袋に入れ、味をしみませる

辛子をつけて前菜に、また厚切りをソテーし、ステーキ風にしてもおいしいものです。マリネ液にオイスターソースを加えて風味づけしてあるのが特徴です。

材料

豚ロース（ブロック）……1kg

マリネ液

- 酢……150cc
- オイスターソース……大匙3
- 砂糖……小匙2
- 塩……小匙2

つくり方

①肉は表面の脂を1cm残して余分はそぎ、室温にもどしておく。

②オーブンを220℃に温める。天板にアルミホイルをしき、くず野菜を敷きつめた上に網をのせ、肉の脂を上にしておき、オーブンに入れる。20分位して肉の表面にきれいな焼き色がついたら、150℃に下げ、さらに40分位焼く。竹串を刺して透き通った液が出れば焼き上がり。

③肉が焼き上がる少し前に、マリネ液の材料を小鍋に入れ、沸騰直前まで加熱する。

④焼き上がった肉を、熱々のマリネ液に浸けこむ。

⑤粗熱がとれたら、肉をマリネ液ごとポリ袋に入れ、冷めたら口をとじて冷蔵庫に入れ、2～3日ときどき袋を返して味をしみこませる。

●豚ロースのマリネを使って

冷やし中華

材料　**1人分**

豚ロースのマリネ（薄切り）1～2枚　塩くらげ20g位　胡瓜（せん切り）⅓本　錦糸卵（卵2個　牛乳大匙2～2½　塩少々）　紅生姜少々　生中華麺1玉　塩小匙½　胡麻油大匙½強　練り辛子少々　たれ（豚ロースのマリネ液に塩、酢、醤油、胡麻油少々を味をみながら適宜加える。その他好みで葱みじん切り、味噌、煎り胡麻など）

つくり方

①くらげは水を二度かえて塩出しをし、水けをとって、たれ大匙1杯弱で下味をつける。

②たっぷりの湯で麺を茹で、ざるにとって水けをきり、すぐ氷水にとって手早く洗う。素早く水をきり、ボウルに入れて、塩、胡麻油をまぶす。

③器に麺を入れ、たれをかけ、具をのせる。練り辛子を添えて。

肉のマリネ3種　盛り合わせ
手前から　豚ロース　タン　牛もも肉

・冷蔵庫で2週間はもちます。

・天板にしくくず野菜は、キャベツの葉、野菜や果物の皮など、捨ててしまうようなもので結構です。

牛もも肉のマリネ

つくりおきのにんにくベースやビールを加えたマリネ液に浸けこみます。

材料

牛もも肉（ブロック）……500g
サラダオイル……大匙1
マリネ液
玉葱（薄切り）……1個分
にんにくベース（77頁）……小匙1/2～1
サラダオイル……大匙2
砂糖……大匙1
塩……大匙1
胡椒……少々
ビール……200cc
シナモン……小匙1/4

つくり方

①マリネ液をつくる。鍋にオイルを温め、玉葱を強火でしんなりするまで炒める。弱火にしてにんにくベース、砂糖、塩を加え、きれいな飴色になるまで、気長に炒める。ビールを加えて煮立て、弱火にしてあくをとり、シナモンを加え、静かに沸騰する火加減で、10分位煮る。

②オーブンを220℃に温める。オイルをまぶした肉を焼き網におき、アルミホイルを敷きつめ、くず野菜をしいた天板にのせて入れ、肉の表面においしそうな焼き色がつくまで20分ほど焼く。160℃に落として更に10分焼く。

③肉をオーブンから出す直前に、マリネ液をもう一度熱くし、ボウルにあけ、そこへ熱々の肉を浸けこむ。

④ときどき肉をひっくり返しながら、冷めるのを待つ。

⑤ポリ袋へ入れて口を閉じ、冷蔵庫へ。2～3日おいてから食べ始める。1週間は十分保存がきく。

牛タンの味噌マリネ

タンを味噌だれ調味液に浸けておいてから茹でます。茹で汁も浸けた味噌だれもすてずに料理に使い回します。

材料

牛タン（ブロック・皮をむいたもの）……500g
味噌だれ
合わせ味噌……60～80g
（甜麵醤・白味噌・辛口味噌を好みの割合）
酒……大匙1
茹で汁
水（肉がやっとかぶる位）……500cc
酢……大匙1
塩（漬け汁の塩分により増減）……少々
ローリエ……1枚

つくり方

①タンの水けをよく拭く。

②ポリ袋に味噌だれを入れてタンを浸けこみ、冷蔵庫に3日位おく。

③鍋に湯を沸かし、酢、塩、ローリエを入れる。タンについている余分な味噌だれをぬぐい、紙の落とし蓋をして、弱火で2時間位茹でる。

④柔らかくなったら火を止め、茹で汁に浸けたまま冷ます。

⑤冷めたら茹で汁から出し、ポリ袋に入れて空気にふれないように冷蔵庫で保存する。

・薄切り、又はサイコロ状に切って供します。

・味噌だれは茹で汁少々でのばし、加熱すればソースとしても使えます。

肉

リエット風 肉のオイル煮

〝リエット〟はフランスの保存食。肉を鴨からとった脂やラードで煮こんで瓶に詰め、煮たときに出た脂をかぶせて空気を遮断して保存します。ほぐしてパンやクラッカーにのせて食べるものです。

ここで「リエット風」としたのは、本来の単に脂で煮こむ方法では何か物足りないと思い、より日本人向きの味わいにと工夫したからです。

まず、ワインとブイヨンで下茹でをし、あくをとり、下味をつけること、〝脂〟を酸化しにくい〝オリーブオイル〟に替えたことなどです。

オイルを加えた煮汁の中で肉を煮る（2）

豚もも肉のリエット風

材料

豚もも肉（ブロック）……500g
塩……小匙1
煮汁
白ワイン……100cc
ブイヨン（又は水＋固形ブイヨン½個）……200cc
ローリエ……1枚
砂糖……ひとつまみ
オリーブオイル……130～150cc

つくり方

①肉を6等分位の角切りにし、塩をまぶしつける。

②厚手の深鍋（16cm）に白ワイン、ブイヨン、ローリエ、砂糖を入れて煮立たせたところへ肉を入れる。再び沸騰させてから火を弱め、あくをとる。

③オリーブオイルを加え、液が静かにくつくつとする火加減で、鍋蓋をして、1～1時間半、柔らかくなるまで煮る。火を止め、そのまま冷めるまでおく。

④肉を煮汁から静かにとり出す。このまま保存する場合は容器へ。ほぐす場合はフォークで身を細かくする。必要なら煮汁（肉汁の部分）を潤いとして少々補ってもよい。容器に空気が入らないように、しっかりと詰める。

⑤鍋の中の液体は、肉汁とオイルに分かれているので、上のオイルの部分をすくって肉の容器に注ぐ（必要なら漉して）。

⑥オイルから肉が顔を出さないように、足りなければオイルを足して、空気を遮断する。

・使う度に、肉の表面がオイルに被われているようにすると、変色を防ぎ、長もちします。冷蔵庫で3週間は大丈夫。

・肉汁は炒めものや煮もののだしにも使えます。オイルもよい味があるので、調理のときに工夫して使いきるとよいでしょう。

・牛もも肉500gでつくる場合の煮汁は、赤ワイン（白でもよい）100cc、ワインビネガー50cc、ブイヨン200cc、ローリエ1枚。手順は豚肉と同じ。

オイルを注ぐ（4）

オイルは肉がかぶる位に（5）

●リエット風を使って

コロッケ

材料

豚または牛のリエット（ほぐして）大匙4〜8　塩・胡椒各少々　ブランデー（ウイスキー）または牛乳（生クリーム）大匙1〜3　じゃが芋5個（750g）　塩小匙½〜2　胡椒少々　ナツメッグ少々　バター大匙2　卵黄2個分　粉チーズ（好みで）少々　粉・卵白・パン粉・オイル各適宜

つくり方

①じゃが芋は丸ごと塩（分量外）を入れて茹で、熱いうちに皮をむき、マッシャーでつぶす。バター、塩、胡椒、ナツメッグ、卵黄、粉チーズを加えてまぜ、冷蔵庫へ。

②リエットは細かくほぐして、塩、胡椒、ブランデーを加えておく。

③冷えたじゃが芋のたねを好みの大きさに分け、形づくる。中心に調味したリエットを入れて丸め、粉、といた卵白、パン粉の順に衣をつける。

④厚手の平鍋にオイルを1cm強入れて温め、手のひらでかるく押して平らにしたコロッケを炒め揚げする。

・油たっぷりのディープフライにするときは、コロッケの形は厚みのある丸型や俵型でもよい。好みのソースをかけてどうぞ。

●リエット風を使って

ミートソース

材料

牛肉のリエット（ブロックのまま）1単位（500g分）　トマト水煮缶1缶（400g）　トマト3個　赤ワイン100cc　にんにく2〜3片　玉葱（みじん切り）1個分　セロリ（みじん切り）½本分　オリーブオイル大匙1　オレガノ少々　タイム少々　ローリエ1枚　塩・胡椒・オイル各少々　キャラメルソース（又は砂糖）少々

つくり方

①鍋にオイルを入れ、玉葱、セロリ、にんにくみじん切りをあめ色になるまで、気長に炒める。

②赤ワインを加え、火を強めてアルコール分をとばし、裏漉したトマトの水煮、湯むきして種をとり、粗く刻んだトマトを加え、煮立ったら火を弱めてあくをとり、スパイスを加えて静かにくつくつと20分位煮る。

③リエットは1cm角に刻み、塩、胡椒し、オイル少々で少量ずつさっと炒める

④②の鍋に③を入れ、煮立ったら火を弱めてあくをとり、さらに肉がくずれるまで煮る。酸味が強いようなら、キャラメルソースか砂糖を加える。

●リエット風を使って

カナッペ

つくり方

①ブロックで保存しているリエットならスライスし、ビネグレットソースを少々ふる。

②好みの大きさに切ったパンにバターをぬる。

③小さくちぎったサラダ菜、薄切りのトマト、小玉葱、セロリなどと共に、リエットをのせる。

④味のアクセントにマヨネーズ、サワークリーム、味噌、タルタルソースなどをのせる。

⑤色のアクセントにキャビア、イクラ、タラコのほぐしたもの、オリーブ、パセリ、ピメント、茹で卵（黄身）、ピクルスなどを添える。

・ほぐしたリエットなら、水にさらしたセロリや玉葱のみじん切りとビネグレットソースで和えて。

ミートローフ

常備菜として、冷めてからでもおいしい変わりミートローフを4種ご紹介します。型のサイズは全て800cc入り、1個分です。

左から　豆腐　豆　野菜のミートローフ

野菜のミートローフ

豚挽肉に、キャベツ、人参、ピーマンをまぜて焼きます。

材料

豚挽肉……200g
キャベツ（短いせん切り・かたい部分はみじん切り）……150g
人参（みじん切り）……½本分
ピーマン（みじん切り）……1個分
塩……小匙⅔～1
胡椒……少々
パン粉……1カップ強
コーンスターチ（片栗粉・小麦粉でもよい）……大匙1
卵……2個

つくり方

①野菜を刻む。
②オーブンを180℃に温める。
③材料全てをボウルの中で、よくよく粘りが出るまでまぜる。
④型に入れ、オーブンシートで蓋をしてオーブンに入れ、45～50分焼く。途中焦げそうなら、温度を少し下げる。押してみて弾力があり、竹串をさして澄んだ液が出れば焼き上がり。
⑤冷めたら型から出してラップでしっかり包み、ポリ袋に入れて冷蔵庫で保存する。

・食べるときは必要なだけスライスし、好みでケチャップ、わさび醤油、ポン酢、辛子などを添えます。

豆腐のミートローフ

豆腐と鶏挽肉ときのこに調味料として、甜麺醤や味噌をまぜます。つくり方の手順は「野菜のミートローフ」と同じに。

材料

豆腐（木綿・絹ごしどちらでも。水きりをよくしておく）……1丁（300g）
エリンギ（みじん切り）……1パック（約110g）
鶏挽肉……200g
塩……小匙⅔～1
胡椒……少々
甜麺醤（又は好みの味噌）……大匙1
パン粉……1カップ強
コーンスターチ（片栗粉・小麦粉でもよい）……大匙1
卵……2個

豆のミートローフ

挽肉に茹で大豆をまぜ、カレー粉とチャツネを加えて風味をつけました。つくり方の手順は「野菜のミートローフ」と同じに。

材料

大豆（茹でたもの）……1½カップ
豚挽肉（又は合挽）……250g
塩……小匙⅔～1
胡椒……少々
カレー粉……大匙1～2
チャツネ（スパイス入りミンスミートや甘みの少ないマーマレード、シナモンなどでもよい）……大匙1
パン粉……1カップ
コーンスターチ（片栗粉又は小麦粉でもよい）……大匙1
卵……2個

鶏レバーのミートローフ

豚挽肉と鶏レバー、プルーン、アンチョビー入りです。

材料

豚挽肉……200g
鶏レバー（太い筋をとる）……150g
ドライプルーン（種なし）……10粒
アンチョビーフィレ……3枚
ケイパー……大匙1
塩……小匙1⅓
胡椒……少々
パン粉……山盛り大匙5
レモンの皮のすりおろし……1個分
レモン汁……大匙1
ウイスキー（又はブランデー）……大匙1
卵……1個
トマトペースト……大匙½

つくり方

①プルーン、ケイパー、アンチョビーをフードプロセッサーで、粘りが出るまで挽く。挽肉、レバー、塩、胡椒を加え、さらにまぜる。
②ボウルに移し、残りの材料を加え、木べらでよくまぜる。
③型に入れて紙蓋をし、180℃のオーブンで45～55分焼く。

鶏レバーのミートローフ

レバーペースト

朝食に、カナッペやサンドイッチに、手づくりのチキンレバーペーストを。

材料

鶏レバー……100g
エシャロット（みじん切り）……3個分
ドライシェリー（又は甘口ワイン・赤でも白でも50cc）……大匙2
マデーラ酒……50cc
オリーブオイル……大匙1½
ビネグレットソース……小匙2～3
生クリーム……100cc
塩・胡椒……少々
バジル・ローズマリー……適宜

つくり方

①厚手鍋にオイルを熱してエシャロットをよく炒め、レバーを加えてさっと炒め、シェリーとマデーラ酒を入れ、かるく煮つめて火を止める。
②フードプロセッサーにかけ、ペースト状にする。ざらつくときは漉す。
③ビネグレットソース（76・82頁）を加え、生クリーム、塩、胡椒スパイス類を加減しながら加えて仕上げる。
・エシャロットの代わりに玉葱でもよいが、味の格が違ってきます。
・表面にラップを貼って密閉しておけば、冷蔵庫で1週間位もちます。

レバーペースト

味に深みを加える「ベース」

煮こみやソースの味に、どうしたら自然な（既製の調味料を使わずに）こくと深みを出せるかと、創意工夫を重ねた私のオリジナル調味料です。野菜や果物など、手近な材料を煮つめることによって、含まれている旨みや糖分が凝縮され、「味の土台」となるものが生まれます。

肉や魚料理に添える・野菜を和えるソースに、これからご紹介する各種（野菜・ワイン・フルーツ）の「ベース」は役にたちます。

後列左から　りんご　赤ピーマン　人参　プルーン
前列左から　デミグラスソース　ワインベース　トマトベース

人参と玉葱のベース

これら3例の野菜ベースは、ブイヨン、生クリーム、牛乳を加えてクリームスープに、又、ウスターソース、酢、マヨネーズ、煎り胡麻などをそれぞれまぜて、肉・魚料理のソースにも用いることができます。

材料

人参薄切り……………2本
玉葱薄切り……………½個
サラダオイル…………小匙2
ローリエ………………1枚
タラゴン………………小匙1
塩・胡椒………………適宜
水………………………ひたひた

つくり方

①玉葱をオイルで炒め、しんなりしたら人参を加えてかるく炒め、水を注ぐ。
②沸騰したらあくをとり、ローリエ、タラゴン、塩、胡椒を加え、蓋をして柔らかくなるまで煮、蓋をとって水分をとばす。
③フードプロセッサーまたは裏漉し器でピュレ状にする。
④鍋に戻して加熱し、塩、胡椒で味をととのえ、沸騰したらでき上がり。
・保存は冷蔵庫で1週間。

赤ピーマンのベース

材料

赤ピーマン（粗く切る）……2個
赤ワインビネガー…………大匙½
水……………………………ひたひた
塩・胡椒……………………各適宜
バジル（乾）………………小匙½

つくり方

①鍋に材料を入れて蓋をし、柔らかくなるまで煮て、裏漉す。
②もう一度鍋に入れて火にかけ、ひと煮立ちさせたら容器へ。

トマトベース

材料

トマト水煮缶（裏漉す）……800g
レモンの皮……………………½個分
ローズマリー…………………2茎
ローリエ………………………1枚
にんにくベース（77頁）…小匙1～2
（又はにんにく2片みじん切り）
塩・胡椒………………………各少々

つくり方

①塩、胡椒以外の材料を鍋に入れ、半量まで煮つめる。
②塩、胡椒し、火からおろす。
③冷めたらレモンの皮、ローズマリー、ローリエをとり除く。
④小分けして冷蔵庫で保存（2週間は大丈夫）。冷凍も可。

りんごのベース

使い途は、ポークソテーのソースに、煮もの、シチューの酸味の緩和に、さつま芋と一緒に煮るなど。保存は冷蔵庫で1週間。

●人参と玉葱ベースを使って
肉料理のソース

衣をつけて炒め揚げにしたポークカツに、鶏胸肉のブイヨン茹でに、マッシュポテトに添えるソースに。

材料

人参と玉葱のベース½カップ　塩・胡椒各少々　生クリーム（又は牛乳）大匙3～4

つくり方

ベースを熱くし、塩、胡椒で調味したあと、様子をみながら生クリームを加える。

材料

紅玉(皮をむき薄切り)……3個
レモン汁(又は酢)……大匙1
白ワイン……ひたひた
ナツメッグ……小匙1/6
塩・胡椒……各適宜
サラダオイル……小匙2

つくり方

①鍋に材料すべてを入れ、りんごが柔らかくなるまで蓋をして煮る。
②木べらでつぶしながら、水分がとぶまで煮つめる。

●りんごのベースを使って

さつま芋の煮もの りんご風味

材料

さつま芋大1本　塩少々　りんごのベース大匙2～4　コーンスターチ適宜（同量の水で溶く）

つくり方

①さつま芋の皮をむいて好みの形に切り、ひと並べになる鍋に入れて、ひたひた（やや少なめに）の水を注ぐ。
②火にかけて塩（薄い清汁程度0.5%）を加える。
③蓋をして柔らかくなるまで煮る。
④りんごのベースを加え、味をなじませたら、さつま芋を一度鍋からとり出す。
⑤煮汁にコーンスターチの水溶きでとろみをつけて、さつま芋をもどし入れて火を止める。

プルーンベース

ステーキソースに、ブイヨンとまぜてシチューの調味料として使います。

材料

ドライプルーン(種なし)……10粒
赤ワイン……適宜
塩・胡椒……各適宜
ローリエ……1枚
クローブ……1個

つくり方

①鍋にプルーンを入れ、かさの半分が浸る程度にワインを注ぎ、他の材料も加えて火にかける。
②煮立ったら1分間煮立たせてアルコール分をとばし、鍋蓋をして火を止め、冷めるまで蒸らす。
③ローリエとクローブを除き、ミキサーにかけてピュレ状にする。保存は冷蔵庫で1週間。

オムライスにかけたデミグラスソース

ワインベース

玉葱やセロリと赤ワインを煮つめます。洋風煮こみやローストビーフ、ステーキ、ポークソテー、オムレツのソースに。

材料

赤ワイン……2カップ
ポートワイン(又はマデーラ酒)……50cc
玉葱薄切り……1個分
セロリ薄切り……1/2本分
サラダオイル……小匙2～3

つくり方

①鍋にオイルを熱し、玉葱、セロリをきつね色に炒める。
②赤ワイン、ポートワインを加え、半量になるまでゆっくり煮つめる。
③ミキサーでなめらかな液体にする。

即席デミグラスソース

これまでにご紹介したベース類（トマト、ワイン、プルーン、りんご、赤ピーマンなど）をミキサーでまぜて、即席のデミグラスソースをつくることができます。

割合は味をみながらお好みで。例えばトマト2：ワイン1：プルーン1。

チキンマカロニグラタンにトマトベースをかけて

酢とオイルに風味づけ

ハーブ　きんかん　唐辛子

スパイスオイル　オレンジオイル

酢やオイルに、野菜やハーブ、果物などで風味をつけて常備しておくと、ひと味ちがったソースを楽しむことができます。

酢に風味づけ

青唐辛子・にんにく・小玉葱の風味酢

酢はなんでもよいのですが、わが家では和・洋・中を問わず使えるように穀物酢に漬けています。焼売、餃子にもラー油と合わせたこの酢が最高です。炒めものにも使えます。

つくり方

①青唐辛子2本は洗って丸ごと、にんにく3片は皮をむいて、小玉葱約5個も皮をむいて瓶に入れ、酢1ℓを注ぐ。

②2～3週間して、酢に香りと味が移ったら使える。

③酢が減ったら足す。わが家では2年位同じ野菜を使い、香りが失せたら、新しいものに交換している。

きんかん酢

ふだんの酢のものに、とくにみぞれ和えに合います。また、焼き魚にも、菊花蕪にも使えます。きんかんの香りと甘みが移った、マイルドな味の酢です。

つくり方

①きんかん12個は竹串でつついて風味が出やすくする。

②瓶に入れ、酢1ℓを注ぐ。2～3週間で酢に味と香りが移る。酢は足しながら使う。

ハーブ酢

家庭菜園でできる生のハーブで。ビネグレットソースに使います。

配合の目安

酢750㎖　ローズマリー2本　タイム5～6本　セージ5～6本

ローリエ2枚　粒胡椒（かるくつぶす）大匙1　コリアンダーシード（つぶす）小匙1　赤唐辛子2～3本

つくり方

①ハーブは陰干しして容器に詰め、酢を注ぐ。

②酢が少なくなったら足し、ハーブは2～3年したらとり換える。

オイルに風味づけ

スパイスオイル

生野菜や茹で野菜のソース、エスカベーシュ、各種のマリネに用いることができます。オイルは、オリーブでもサラダ、グレープシードなど、どれでも好みで。スパイスは残りものでよく、削って残ったナツメッグ、使ったあとのシナモン、バニラビーンズ、冷蔵庫で半分乾いた生姜など。

配合の目安

オイル1ℓ

シナモンスティック5～6本　クローブ5～6粒　生姜（皮つき・丸1日干し、5㎜厚さにスライス）2～3枚　コリアンダーシード（つぶす）小匙1　粒胡椒（つぶす）小匙1

つくり方

材料を容器に入れ、オイルを注ぐ。香りがついたら使える。

オレンジオイル

ドレッシング用のオイルの香りづけに。国産の無農薬オレンジのほか、レモン、柚子、伊予柑など、香りのよい柑橘類なら何でもよいでしょう。サラダのほか、帆立のソテーや魚のムニエルのソースに、鶏肉や豚肉の串焼きのソースに、茹で野菜にもよいものです。

配合の目安

オイル1ℓ

オレンジの皮5～7個分

つくり方

ピーラーでオレンジの皮をむく。白い部分は苦いのでそぎ落とす。室内で1日乾かしてから、オイルに漬ける。

中国風の常備菜

ウー・ウェン

白肉（茹で豚）、紅焼肉（豚肉の醤油煮）、白鶏（茹で鶏）、燻魚（魚の揚げ浸し）など、ここにあげたもののほとんどは、まとめ調理した素材を、味つけや調理法でまったく姿を変身させて食卓にのせる展開料理です。

わが家自慢の北京の味を、どうぞあなたのご家庭でもお試しください。

ウー・ウェン（呉　雯）

北京の家庭料理を指導。従来の中国料理のイメージを一新、斬新な調理法と盛りつけで定評がある。小学生と幼児２人の母。東京在住。

野菜の調味漬け3種

食卓の脇役としてもう一品ほしいときに、この野菜たちが活躍します。

辛味漬け

唐辛子で辛味をきかせた塩水漬け。冷蔵庫保存で3日は楽しめます。

材料

人参……2本
胡瓜……2本
大根……300g
漬け汁
塩……大匙1½
赤唐辛子……8～10本
酒……½カップ
水……3カップ

人参・胡瓜・大根の辛味漬け

つくり方

①人参と大根は皮をむいて大きめに切る。胡瓜も大きめに切る。
②漬け汁の材料を火にかけ、沸騰したら火をとめて、自然に冷ます。
③保存瓶に①の野菜と②の漬け汁を入れ、冷蔵庫で一晩おいて、翌日から食べ始められる。
・好みで胡麻油やすり胡麻をかけていただきます。
・ほかに、キャベツ、白菜、蕪、セロリなども漬けられます。

甘酢漬け

漬け汁は一度煮立て、冷ましてから野菜を漬けます。

材料

蕪……4個
カリフラワー……1個
蓮根……150g
生姜……1片
漬け汁
酢……½カップ
酒……½カップ
砂糖……½カップ
塩……大匙½
水……1カップ

蕪・カリフラワー・蓮根の甘酢漬け

つくり方

①蕪は皮を薄くむき、6等分のくし型にする。
②カリフラワーは一口大に切り分ける。
③蓮根は皮をむいて好みのかたちに切る。
④生姜は薄切りにする。
⑤湯をわかし、カリフラワーをさっと茹でて冷水にとる。同じ湯に酢を適量（分量外）加え、蓮根を入れて10分程度煮る。冷水にとって水けをよくきる。
⑥漬け汁の材料を沸騰させて冷ます。
⑦保存瓶に蕪、生姜、⑤のカリフラワー、蓮根、⑥の漬け汁を入れる。
・数時間後から食べられ、冷蔵庫で2日位もちます。
・キャベツ、セロリ、大根、人参などもよいでしょう。

醤油漬け

漬け汁を一度煮立て、冷ましてから野菜が漬かるようにかけます。

材料

山芋……200g
セロリ……2本
ピーナッツ（生）……50g
漬け汁
醤油……½カップ
酒……½カップ
酢……大匙1
水……2カップ

山芋・セロリ・ピーナッツの醤油漬け

つくり方

①山芋は皮をむいて、酢と塩（分量外）を入れた水に浸ける。1cm角の棒状に切る。
②セロリは幅1cm、長さ5cmに切る。
③ピーナッツは水に2～3時間浸け

てから、火にかける。30分煮たら火からおろし、水けをきる。
④漬け汁の材料を沸騰させ、そのまま冷ます。
⑤保存瓶に山芋、セロリ、ピーナッツ、④の漬け汁を入れる。
・数時間後から食べられ、冷蔵庫で3～4日もちます。
・ほかに大根や蕪、人参などもよいでしょう。

燻魚《シュンユイ》（魚の揚げ浸け）

から揚げにした魚を調味液に浸します。どれもつくってすぐ食べ始められ、3～4日はもちます。

ぴり辛ソース浸け

豆板醤で辛味をつけた浸け汁です。

材料
豆鯵……300g
片栗粉……大匙3
浸け汁
醤油……大匙3
豆板醤……大匙1
酢……大匙1
酒……大匙3
砂糖……小匙1
水……大匙2
揚げ油……適宜

つくり方
①鍋に浸け汁の材料を入れて火にかけ、沸騰したら火をとめ、ボウルに移す。
②鯵はぜいごとわたを除いて、水けを拭きとり、片栗粉をまぶす。
③油を160℃に温め、鯵をかりっと揚げる。熱いうちに①の浸け汁に浸けて、別の容器に移す。
・鯵のほかに鯖やわかさぎもおいしいものです。

鯵のぴり辛ソース浸け

味噌味ソース浸け

味噌味の浸け汁です。

材料
鯖（半身）……2枚（500g）
片栗粉……大匙3
浸け汁
味噌……大匙4
醤油……大匙1
酒……大匙4
砂糖……小匙1
胡椒……小匙½
水……大匙2
揚げ油……適宜

つくり方
①鍋に浸け汁の材料を入れて火にかけて、沸騰したら火をとめ、ボウルに移す。
②鯖は1～2㎝幅に切って、片栗粉をまぶしておく。
③油を160℃に温め、鯖をかりっと揚げて、熱いうちに②の浸け汁に浸けて、冷めてから別の容器に移す。
・浸けこむ魚は鯵や鰯も適しています。

鯖の味噌味ソース浸け

甘辛ソース浸け

醤油・酢・砂糖が入った甘辛味。葱と生姜のみじん切りが入ります。

材料
わかさぎ……300g
片栗粉……大匙3
浸け汁
醤油……大匙4
酢……大匙1
砂糖……大匙2
酒……大匙2
塩……ひとつまみ
長葱のみじん切り……大匙2
生姜のみじん切り……大匙1
水……大匙2
揚げ油……適量

つくり方
①浸け汁の材料を火にかけ、沸騰したら火をとめ、ボウルに移す。
②わかさぎは片栗粉をまぶしておく。
③油を160℃の中温に温めて、わかさぎをかりっと揚げる。熱いうちに①の浸け汁に浸け、冷めてから別の容器に移す。
・わかさぎのほか、鯵や鰯もよいでしょう。

わかさぎの甘辛ソース浸け

肉そぼろ

生姜味の中国風肉そぼろは応用が利いて便利なものです。

材料

合挽肉……500g
生姜……50g
醤油……大匙6
酒……大匙2
砂糖……大匙1/2
サラダ油……大匙2

つくり方

①生姜はみじん切りにする。
②鍋にサラダ油を熱し、合挽肉を入れて水分がとぶまでよく炒める。
③肉の水分がとんだら、酒を加えて水分をとばす。醤油も同様にうまみだけ残し、水分をとばす。生姜のみじん切り、最後に砂糖を加えて火をとめる。
・蓋つき容器に入れて冷蔵庫で保存しておきます。冷凍もできます。

合挽肉のそぼろ

●肉そぼろを使って

生春巻き

若い人に人気の生春巻きも、常備してある肉そぼろの利用で気軽にできます。

材料

生春巻きの皮……10枚
リーフレタス……適量
香菜……3~4本
肉そぼろ……適量
たれ
醤油……大匙2
酢……大匙1
砂糖……小匙1
豆板醤……大匙1/2
胡麻油……大匙1

つくり方

①生春巻きの皮は、しめらせた布巾に1枚ずつはさんでもどしておく。
②香菜は3cm長さに切る。
③もどした生春巻きの皮の上にリーフレタスをしいて、肉そぼろ、香菜をのせて巻く。
④たれの材料をまぜ合わせて添える。

●肉そぼろを使って

春雨の和えもの

葱と青じそのせん切り入りのあっさりとした春雨の和えものです。

材料

肉そぼろ……適量
春雨……50g
長葱（せん切り）……15cm分
青じその葉（せん切り）……10枚分
酢……小匙1
塩……小匙⅓
胡麻油……大匙1

つくり方

春雨は水でもどし、熱湯で茹でて冷水にとり、水けをきる。食べやすく切って、酢、塩を加え、胡麻油で香りをつけてから、肉そぼろ、長葱、青じそを加えて和える。

●肉そぼろを使って

白菜スープ

白菜と豆腐入りのスープに、好みの量の肉そぼろを加え、片栗粉でとろみをつけます。

材料

白菜……4～5枚
肉そぼろ……大匙4
水……1ℓ
豆腐……½丁
塩……小匙1
片栗粉……大匙2
胡椒……少々
胡麻油……大匙1

つくり方

①白菜は洗って、2cm幅の斜め切りにする。
②豆腐は一口大に切る。
③鍋に水、肉そぼろ、豆腐、白菜を入れて火にかけ、沸騰したら弱火にして10分程煮る。
④塩で味つけし、同量の水でといた水どき片栗粉でかるくとろみをつける。胡椒、胡麻油で香りをつけてでき上がり。

●肉そぼろを使って

じゃが芋の和えもの

歯ざわりよく茹でたじゃが芋と、葱と肉そぼろを、豆板醤入りのソースで和えます。

材料

じゃが芋……3個
万能葱……½束
肉そぼろ……適量
合わせ調味料
「豆板醤……大匙½
　胡麻油……大匙1
　醤油……大匙2
　砂糖……大匙½
　すり胡麻……大匙1½」

つくり方

①じゃが芋は皮をむいてせん切りにし、水でさっと洗う。
②鍋に熱湯をわかして酢（水1ℓに酢大匙3）を入れ、①のじゃが芋を5分程茹でる。冷水にとって、水けをきる。
③万能葱は3cm長さに切る。
④ボウルにじゃが芋と葱を入れ、合わせ調味料で味をつけ、肉そぼろを加えて和える。

肉をかたまりで調理しておく

中国風の茹で豚、煮豚、茹で鶏をかたまりごと調理しておくと、いろいろな料理に展開することができ、たいそう重宝します。

つくるときは豚肉なら1kgを、鶏肉なら胸肉やもも肉を合わせて4枚くらいのまとめ調理をしましょう。

白肉　1kgの肉を3等分して

白肉《パイロウ》（茹で豚）

使いまわしのきく茹で豚は、まとめづくりの代表です。

材料

- 豚肩ロース肉（ブロック）……1kg
- 生姜……1片
- 長葱……½本
- 粒胡椒（花椒でもよい）……20粒
- 酒……¼カップ

つくり方

①豚肉は3等分し、あく抜きのために下茹でをする。鍋にたっぷりの水と肉を入れて火にかけ、沸騰したら5分程度茹でる。茹で汁をきって水洗いし、あくや脂を洗い落とす。

②生姜は薄切り、長葱は半分に切る。

③鍋に下茹でした肉、生姜、長葱、胡椒、酒、水1.5ℓを入れて火にかけ、沸騰したら弱火にして蓋をし、1時間茹でる。

・完全に冷めたら、肉と茹で汁を別々にして保存します。冷蔵庫なら3日。冷凍庫なら2週間。

・冷めた茹で汁の表面に浮いたラードはとり除き、茹で汁は薄めて使います。ラードは炒めものや炒飯に。

●白肉を使って

回鍋肉《ホイグオロウ》

甜麺醤《テンメンジャン》入りの合わせ調味料で味をつけます。

材料

- 白肉……200g
- 赤唐辛子（粗みじん切り）……大匙1
- にんにく……1片
- サラダ油……大匙1
- 合わせ調味料
  - 醤油……大匙2
  - 甜麺醤……大匙½
  - 酒……大匙2
  - 塩……ひとつまみ

つくり方

①白肉は3㎜厚さに切る。

②にんにくは包丁で叩いておく。

③合わせ調味料をまぜ合わせる。

④炒め鍋にサラダ油を熱し、赤唐辛子、にんにくを入れる。香りが立ったら、白肉を入れて炒め、油がなじんだら合わせ調味料を加えて、肉にからめる。

●白肉を使って

南瓜と卵のスープ

南瓜ととき卵入りのスープ。

材料

白肉……適量
（回鍋肉に使った切りくずでもよい）
南瓜……1/4個
卵……1個
白肉の茹で汁……2カップ
水……3カップ
塩……小匙1
胡椒……少々
片栗粉……大匙2

つくり方

①白肉は薄切りにする。
②南瓜は皮をむいて種をのぞき、2cm角の角切りにする。
③鍋に茹で汁、白肉、水、南瓜を入れて火にかけ、沸騰したら弱火にして蓋をする。南瓜が煮えたら、塩で調味し、水どき片栗粉でとろみをつけて、とき卵を流し、胡椒で香りをつける。

●白肉を使って

白肉と青菜の和えもの

茹で豚と青菜を辛子が入った合わせ調味料で和えます。

材料

白肉……50g
ほうれん草……1束
生姜（せん切り）……1片分
合わせ調味料
　辛子……大匙1/2
　酒……大匙1
　醤油……大匙1
　塩……小匙1/3弱
　砂糖……小匙1
　胡麻油……大匙1 1/2

つくり方

①白肉は短冊切りにする。
②ほうれん草は茹でて冷水にとり、水けをきって3cm長さに切る。
③たれの材料をまぜ合わせておく。
④ボウルに白肉、ほうれん草、生姜を合わせ、合わせ調味料をかけて和える。

●白肉を使って

白肉と漬けものの炒めもの

茹で豚と青菜の漬けものを生姜をきかせて炒め合わせます。

材料

白肉……50g
野沢菜漬け……200g
（青菜の漬けものならほかのものでもよい）
赤唐辛子（粗みじん切り）……大匙1
生姜（みじん切り）……1片分
胡麻油……大匙2
酒……大匙1

つくり方

①白肉と野沢菜漬けは粗みじん切りにする。
②炒め鍋に胡麻油を熱し、唐辛子、生姜を入れて炒め、香りが立ったら、白肉と野沢菜漬けを入れる。水分をとばすように炒め、酒をふって火をとめる。

紅焼肉

紅焼肉《ホンシャオロウ》（豚肉の醤油煮）

肉から出た旨みがまた肉に戻るので、少なくとも1kg位の量でつくった方がおいしくなります。大きく切って野菜と煮合わせるほか、ハムがわりにも使えます。

材料

豚バラ肉（ブロック）……1kg
生姜……1片
長葱……½本
砂糖……大匙2
醤油……½カップ
酒……½カップ
水……2カップ
八角……1個
花椒……20粒
酢……小匙1

つくり方

①豚バラ肉は5～6cm角に切る。
②生姜は薄切りにする。
③長葱は半分に切る。
④鍋に肉を入れて、脂を出すために中火で炒め、肉の色が変わって脂も出たら、鍋の中央をあけて砂糖を炒め、肉にからめる。
⑤醤油、酒を加えて煮立ったら水を注ぎ、八角、花椒、生姜、長葱も加える。沸騰したら弱火にし、蓋をして1時間煮る。
⑥仕上げに酢を入れて火を止める。
・煮汁は調味料として使うので、とっておきます。

●紅焼肉を使って

北京風肉じゃが

わが家の子どもたちも大好きな肉じゃがです。お試し下さい。

材料

紅焼肉……5～6塊
じゃが芋……2個
玉葱……1個
人参……1本
紅焼肉の煮汁……1カップ
水……2カップ
春雨……30g

つくり方

①じゃが芋、人参は皮をむいて乱切りにする。
②玉葱は4つ割りにする。
③紅焼肉は適当な大きさに切る。
④春雨は水に浸けてもどし、食べやすい長さに切る。
⑤鍋に肉、じゃが芋、人参、玉葱、煮汁、水を入れて20分位煮こみ、春雨を入れてさらに5分煮こむ。

●紅焼肉を使って

角煮

紅腐乳《ホンフールー》と蜂蜜を醤油煮の豚肉に煮からめて、さらにおいしい角煮に。

材料

紅焼肉……………………3～4塊
紅焼肉の煮汁……………½カップ
紅腐乳《ホンフールー》…………………30g
紅腐乳の汁………………大匙1
蜂蜜………………………大匙1

つくり方

①鍋に煮汁、紅腐乳とその汁、蜂蜜を入れて火にかけ、紅焼肉を入れて、汁けがなくなるまで煮つめ、からめる。
②1.5cm幅に切って盛りつける。

●紅焼肉を使って

筍の煮こみ

豚肉も筍も一度火が通っているので短時間で仕上がります。

材料

紅焼肉……………………3～4塊
紅焼肉の煮汁……………2カップ
茹で筍……………………1本
塩…………………………適量

つくり方

①筍は縦に薄切りにし、さっと茹でる。
②肉は1.5～2cm角に切る。
③鍋に煮汁と筍と肉を入れて火にかけ、汁がなくなるまで煮こむ。塩で味をととのえる。

●紅焼肉を使って

豚肉と白菜の煮こみ

昆布と椎茸のだしで肉と白菜を煮こみます。

材料

紅焼肉……………………4～5塊
紅焼肉の煮汁……………1カップ
白菜………………………4～5枚
干し椎茸…………………4枚
昆布………………………50g
塩…………………………適量

つくり方

①昆布と干し椎茸は水でもどす。
②昆布は細いせん切りにする。
③白菜は縦2cm幅に切る。
④紅焼肉は、塊を厚さ7mm～1cmに切る。
⑤鍋に煮汁、昆布、軸をとった干し椎茸、肉を入れて30分位煮る。白菜を入れてさらに10分煮こむ。最後に塩で味の調節をする。

白鶏《パイチー》（茹で鶏）

鶏の胸肉ともも肉をまとめて茹でておくとサラダや和えものに、炒めものなどに幅広く使えます。

材料

胸肉……………………2枚
もも肉…………………2枚
長葱……………………10cm
生姜……………………1片
粒胡椒…………………10粒

つくり方

①胸肉ともも肉はあく抜きのために下茹でする。鍋にたっぷりの水と鶏肉を入れて火にかけ、沸騰したら5分程茹でて、茹で汁をきり、肉についたあくを水で洗い落とす。
②たっぷりの水と長葱、生姜、粒胡椒と肉を入れ、蓋をして20分茹でる（それ以上茹でると香りがなくなる）。
③冷めてから肉と茹で汁を別にして保存しておく。

白鶏　胸肉ともも肉を一緒に茹でます

●白鶏を使って

カリカリ炒めサラダ

茹で鶏を炒めて水分をとばし、茹でたキャベツと合わせます。

材料

白鶏（胸肉）…………1枚
キャベツ………………4～5枚
生姜……………………1片
長葱……………………10cm
赤唐辛子（粗みじん切り）……大匙1
酒………………………大匙1
醤油……………………大匙2
砂糖……………………大匙½
サラダ油………………大匙2

つくり方

①白鶏は薄く切る。キャベツは茹でて、約1cm幅の短冊切りにする。
②鍋に油を熱し、赤唐辛子を入れる。香りが出たら、肉を入れて油をなじませ、せん切りにした生姜、薄切りにした長葱を加えて、さらに香りを出す。
③②の肉をカラカラに炒めて、酒をふり、醤油を加えて水分をとばしながら炒める。砂糖を入れて、さらに水分がとぶまで炒める。
④キャベツの水けをとって③の鍋に加え、炒め合わせてでき上がり。

●白鶏を使って

棒々鶏《バンバンジィー》

練り胡麻に煎り胡麻も合わせた複雑な味の調味料で茹で鶏を和えます。

材料

白鶏（胸肉）……1枚
玉葱……1個
合わせ調味料
　練り胡麻……大匙2
　煎り胡麻……大匙1
　花椒《ホアジャオ》（から煎りしてつぶす）……30粒
　醤油……大匙2
　酒……大匙1
　胡麻油……大匙1/2
　塩……ひとつまみ

つくり方

①胸肉の皮はせん切りにし、肉は手でさく。玉葱は薄切りにする。
②合わせ調味料の材料をまぜ合わせる。
③器に肉、玉葱を盛りつけ、合わせ調味料をかけて和える。

●白鶏を使って

茹で鶏とピーマンの炒めもの

茹でた鶏もも肉とピーマンを味噌炒めにしたものです。

材料

白鶏（もも肉）……1枚
ピーマン……6個
合わせ調味料
　醤油……大匙1
　味噌……大匙2
　砂糖……小匙1
　酒……大匙2
赤唐辛子……2本
サラダ油……大匙2

つくり方

①白鶏は7㎜位の薄切りにする。
②ピーマンはへたと種をとり、細切りにする。
③鍋に油を熱して、手で粗くつぶした赤唐辛子を入れ、香りが出たら①の肉を入れて油をなじませる。
④次にピーマンを入れて炒め（炒めすぎないのがポイント）、香りが出たら合わせ調味料を入れて炒め合わせる。水分がとんだらでき上がり。

●白鶏を使って

揚げ鶏丼

粉をつけて揚げた茹で鶏をご飯にのせていただきます。

材料……1人分
白鶏（もも肉）……50g
小麦粉……大匙2
揚げ油……大匙3
合わせ調味料
　酢……大匙1
　醤油……大匙2
　砂糖……大匙1/2
　長葱（みじん切り）……大匙1
　胡麻油……大匙1/2
ご飯……適量

つくり方

①白鶏に小麦粉をまぶして炒め揚げにする。
②香ばしく揚げた肉を適当な大きさに切り、器に盛ったご飯にのせ、合わせ調味料をかける。

レバーと砂肝料理

豚レバー、鶏レバー、とりの砂肝などのもつ類は、茹でてから蒸し煮にし、和えものに用います。

共通の茹で方

材料

レバー・もつ類（豚・鶏レバー・砂肝など）……500g
酒……½カップ
生姜……1片

つくり方

①レバー、もつ類はよく洗ってたっぷりの湯で茹でる。茹で時間は鶏レバーは20分、豚レバーと砂肝は30分位。
②茹でこぼして、きれいに洗う。
③水けをよくきって、再び鍋にもどし、酒、たたいた生姜を入れて蓋をし、弱火で蒸し煮する。蒸し煮の時間は、鶏レバー10分、豚レバー、砂肝なら20分位。

●茹でたレバーを使って

豚レバーと香菜の和えもの

くせのあるもの同士のとり合わせ。辛味入りの調味料で和えます。

材料

茹でた豚レバー……100g
香菜……適量
合わせ調味料
　サラダ油……大匙1
　豆板醤……大匙½
　醤油……大匙2
　砂糖……小匙1
　酒……大匙2

つくり方

①豚レバーは細切りに、香菜は3cm長さに切って、器に盛っておく。
②合わせ調味料をつくる。鍋に油を熱し、豆板醤を入れ香りを出す。醤油、砂糖、酒を入れ、砂糖がとけたら、①にかけて和える。

●茹でた砂肝を使って

砂肝とクレソンの和えもの

砂肝の歯ざわりにクレソンの香りと食感が心地よい和えものです。

材料

茹でた砂肝……100g
クレソン……適量
合わせ調味料
　醤油……大匙1½
　胡麻油……大匙1
　酒……大匙1½
　生姜（おろして）……大匙1

つくり方

①砂肝はできるだけ薄く切る。
②クレソンは2～3cm長さに切る。
③砂肝とクレソンを合わせ調味料で和え、器に盛る。

●茹でたレバーを使って

鶏レバーと茗荷の胡麻和え

鶏レバーと茗荷のしゃっきり感のとり合わせが絶妙です。

材料

茹でた鶏レバー……100g
茗荷……2個
合わせ調味料
醤油……大匙2
酢……大匙1
すり胡麻……大匙1
胡麻油……大匙½
塩……小匙⅓

つくり方

①鶏レバーは包丁の腹でかるくつぶす。茗荷は薄切りにする。
②レバー、茗荷を調味料で和え、器に盛る。

卵の保存食

わが家のキッチンにはいつも塩卵と茶卵の漬かった瓶が並んでいます。

茶卵

塩卵　うずらの卵も一緒に

塩卵（鹹蛋《シェンダン》）

卵の塩湯漬け。前菜やおべんとうのおかずに最適。

材料

卵……適量
塩水……（水1ℓに塩50〜60g）
花椒……30粒
八角……2個

つくり方

①鍋に卵と塩水、花椒、八角を入れて沸騰させ、すぐ火を止めてそのまま冷ます。
②冷めたら茹で汁ごと保存瓶に移しておく。1週間〜10日が食べ頃。

茶卵《チャールアン》

私の母は、毎日たっぷり出る中国茶のだしがらを利用してつくっていたものです。食べ方は塩卵と同じ。

材料

茹で卵……適量
水……1ℓ
茶葉……大匙2
醤油……½カップ

つくり方

①水に茶葉を入れて沸かし、そのまま冷まし、醤油を加えておく。
②茹で卵にひびを入れ、茶葉の液に一晩漬ける。

わたしの常備菜活用生活

週末のまとめ調理で気持ちにゆとり

谷口　泉

40代後半、夫と大学生2人の4人家族。会社勤めなので、週末に常備のおかずとカレーやシチュー、炒りどりなどの煮こみ類をまとめて一気につくってしまいます（その前に食材の買い出しという仕事もありますが）。ウィークデイは帰宅後、短時間でととのえられる肉や魚の主菜と汁ものに、副菜と青菜の一品を添え、あとはつくりおきのものの中から何かをつけ合わせます。

常備菜は、主菜や副菜としてそのまま食べられるものと、下調理しておいてくり回しするもの、姿を変えて食卓に出すもの、おべんとうのおかずにするものなど数種を、火口（ガス、オーブン、電子レンジ）を全て使い、鍋はふつうの鍋、保温調理鍋、無水鍋、圧力鍋、蒸し器などをその時に応じ、駆使してつくります。

調理する素材の種類（なるべくいろいろな食品を摂れるように）も気にかけますが、私がこだわっているのは、**食べものの色**です。器に盛ったとき、おべんとう箱につめたとき、いかにおいしそうに見えるか、茶（主に肉・魚類）、緑（青菜など野菜）、白（淡色野菜やじゃが芋）、赤（人参、パプリカ、トマト）、黄（さつま芋、南瓜、卵）、黒（海藻類、胡麻）、この五色が揃っていれば、ふしぎと、栄養的にも、大体の食品数をみたしているような気がします。

次々に仕上げて保存容器に詰めたものが冷蔵庫に収まったときは「ああこれで今週も安心」と安堵します。フリージングは一時熱心にしていましたが、冷蔵でもパーシャルやチルド室に入れておけば、かなり日もちしますので、以前のようにやたら冷凍するのはやめ、下ごしらえ段階の素材に近いものか、調理して家で冷凍しても味の変わらないものに限られてきました。

つくる方は楽しみもありますが、これを無駄なく食べきることの方が初めは難しいことでした。けれどこの生活リズムがすっかり身についた今は、殆ど問題なくこなせています。

家族の参加も大きな力です。夫も息子たちも料理好きで気軽に包丁を握りますので、私が多少遅く帰宅しても、週末にまとめ調理ができないことがあっても、冷蔵庫に何かしらの素材（特に肉類が）がありさえすれば、誰かが率先してつくりますので、困ることはありません。これも長い間の訓練の成果と、ひそかに私はにんまりしている次第です。

容器は、以前はプラスティック製のものを使っていましたが、中身が見えないことと、油汚れが落ちにくい、蓋がいたみやすいことなどから、現在は強化ガラス製の透き通ったものに順次変えています。また、煮豆やたれ、ソース類は、ジャム用のガラスの空き瓶に入れておくのが一番具合がよいようです。

常備菜を食卓にのせるときは、保存容器ごと冷たいまま出したのでは興ざめですから、かるく温めて（おべんとうのおかずも）必ず小鉢などに盛りかえています。

よくつくるものから

煮もの

煮豚　豚肩ロースブロック1キロから1.5キロを500グラムずつの塊に切り分けて、葱、生姜、紹興酒（又は酒）、みりん、醤油で煮る。ついでに茹で卵も一緒に煮て味つき卵に。

刻み昆布と油揚げ、椎茸、人参の煮つけ（海藻のおかずは必ず1～2種つくる）

じゃこ昆布（だしをとった後の昆布を冷凍庫にためておき、まとまったらつくる）

ポテトサラダ（じゃが芋、人参だけで。味つけは塩、胡椒、酢、オイルで。マヨネーズでもよい。変化をつけるときに、玉葱、胡瓜、ツナ、ハム、茹で卵などを加える。あきたら餃子や春巻きの皮に包んで揚げるとよい）

炒め煮　茄子とじゃこの炒め煮　しらたきの炒り煮　蓮根のきんぴら　きんぴらごぼう　じゃこピーマン

揚げもの

小鯵の南蛮漬け（漬け汁　だし3、醤油1、砂糖1、酢3の割合。煮立てて赤唐辛子と葱のみじん切りを加え、揚げたての鯵にかける）

蒸しもの

シュウマイ　豚挽肉、葱みじん切り、生姜汁、塩、醤油、胡麻油、片栗粉をよく練りまぜ、半分をシュウマイに（おべんとうには揚げシュウマイにして）。残りを皮なしシュウマイ（つまり蒸し肉団子。揚げても、甘辛味にしてもよい）に。

酢味のもの

カリフラワーのカレー味マリネ（さっと茹でて酢、塩、オイル、カレーパウダーをまぜた液に浸ける）

人参の甘酢漬け（拍子木切りの人参に塩をしてから、酢¾カップ、砂糖大匙3、赤唐辛子少々に浸ける。おべんとうの彩りによい）キャベツ、セロリを加えてもよい。

ひと塩生野菜

胡瓜、大根、人参などの拍子木切りに1〜2パーセントの塩をしておく（ツナや青じそとサラダに、わかめと和えものなどに利用できる）。

青みの茹で野菜

ほうれん草、小松菜などの青菜、ブロッコリー、アスパラガス、さやいんげんなどの、栄養的にも彩りとしても欠かすことのできない緑の野菜は、週に最低2回は茹でる。容器に入れて冷蔵庫で2〜3日は大丈夫。2日目からは、ベーコンやじゃこなどと炒めて使うと味落ちを補える。

茹で鍋についていえば、アメリカ人の友だちがカリフラワーやブロッコリーをフライパンに少量の水と塩を入れ、蓋をして蒸し茹でにするのを見てからは、湯を沢山沸かさなくてよいので、真似をしている。青菜を茹でるときは、保温鍋（鍋につききりにならなくてすむ）や無水鍋（水が少量でよい）がべんり。

今週のまとめづくりは9品。鰯の梅煮、高野豆腐の挽肉づめ、ひじきの煮つけ、切り干し大根の煮つけ、人参のにんにくソテーなど。

じゃこひじき（黒）たらこピーマン（緑）さつま芋・パイン・干しぶどうのサラダ（黄）人参の甘酢ソテー（赤）ひと塩大根（白）

茹で野菜はとりあえず3種。ほうれん草、ブロッコリー、グリーンアスパラガスを。

展開のきく常備菜

煮ぬき豆

最近は素材缶詰も出回っているが、圧力鍋を使えば短時間でできるので、黒豆、金時豆、花豆、ひよこ豆などのどれかを、とりあえず茹でておく。チリビーンズ、トマト煮こみ、サラダ、マリネ用に使う分を残してあとは冷凍。甘煮にするなら、蜜（同かさの砂糖と水、塩少々を煮立て熱いうちに豆を入れる）に浸けておくとよい。

じゃこひじき

ひじきをちりめんじゃこと煮ておく。シンプルなとり合わせの方がくり回しやすいもの。卵焼きの具に、炒り豆腐、擬製豆腐に（この場合、人参や青みは別に火を通して加えてもよい）、ひじきチャーハンに。

豚味噌

豚挽肉を、葱、生姜のみじん切りと炒め、酒、みりん、味噌、豆板醤で味つけする。麻婆豆腐、麻婆春雨、麻婆茄子に、茹でた豆腐や里芋に、揚げ茄子にかける、刻み葱と卵にまぜて炒り卵にも使える。

わたしのべんりな常備菜

食卓をにぎわす つくりおきおかず

鄭《チョン》　英子《ヨンジャ》

お膳をにぎやかにするのが、韓国の食事風景です。つくりおきのできるおかずは、食卓の上がちょっとさみしいときの箸休めの一品、お茶うけにするもの、おべんとうになるものなど、数えきれないほどあります。今回は、家族に好評のわが家の常備菜の中から、いつも欠かさず用意してあるものをご紹介しました。

豆腐の薬味煮こみ

水けをよくきった豆腐を焼き、葱や唐辛子、半ずり胡麻入りの合わせ調味料を煮からめたものです。

材料

豆腐2丁（400g）　塩少々　胡麻油大匙2　糸唐辛子少々　合わせ調味料（醤油大匙3　水½カップ　砂糖大匙1　にんにく2片　長葱10cm　半ずり胡麻大匙½　胡椒少々）

つくり方

①豆腐は縦半分、厚さ1cmに切り、水けをとって塩をかけておく。

②フライパンを熱くして胡麻油をひき、豆腐の両面を焼く。

③合わせ調味料のにんにくと長葱はせん切りにして、他の調味料と合わせておく。

④鍋に②の豆腐を1枚ずつ並べて、合わせ調味料をかける。その上にまた豆腐を1枚ずつ並べて、合わせ調味料をかけ、糸唐辛子を少しのせる。

⑤鍋を火にかけて、沸騰したら弱火にし、ときどき汁を豆腐にかけながら、汁がほとんどなくなるまで煮こむ。

豆腐の薬味煮こみ

干し大根の和えもの

割り干し大根の合わせ調味料和え。

材料

割り干し大根50g　醤油大匙2　A（長葱みじん切り大匙2　砂糖大匙2　すり胡麻大匙1　酢小匙1　粉唐辛子小匙1　胡麻油大匙1　糸唐辛子少々）

つくり方

①割り干し大根はきれいに洗ってしっかりしぼり、醤油につけて1時間位おく。

②Aの薬味と調味料を干し大根に加え、味がよくつくように和える。

・辛い味が苦手な人は唐辛子を入れなくてもかまいません。

干し大根の和えもの

黒豆の煮こみ

醤油も入っためずらしい黒豆の甘辛煮。噛みごたえのある煮豆です。

材料

黒豆（乾）2カップ　醤油⅔カップ　砂糖大匙3　水飴大匙1　煎り胡麻少々

つくり方

①鍋に洗った黒豆を入れ、豆がつかる位の水を入れて火にかける。

②水が半分位になったら、豆を食べてみて、豆くささがなくなっていたら、醤油と砂糖を入れて中火で煮こむ。ときどきまぜて、味がまんべんなくつくようにする。

③汁がほとんどなくなったら水飴を入れて艶をだす。最後に煎り胡麻をかける。

牛肉の角煮

角切りの牛肉を醤油味で柔らかく煮こみ、食卓に出すときに、細くさいて盛りつけます。

材料

牛肉（外ももブロック）600g　水4カップ　にんにく2片　生姜1片　醤油150cc　砂糖大匙3

上から／黒豆の煮こみ　牛肉の角煮　じゃこの炒め煮

つくり方

①牛肉は30分位水につけて血をぬき、5㎝の大きさに切る。

②鍋に水を入れて沸騰したら牛肉を入れ、水が半量になるまで煮こむ。

③にんにく、生姜を薄切りにする。

④肉が柔らかくなったらにんにく、生姜、醤油、砂糖を一緒に加える。

⑤肉に味がついたら火をとめて、冷ます。

⑥冷めたら煮汁ごと容器に入れて保存する。

じゃこの炒め煮

こうなごやちりめんじゃこをしし唐辛子、人参と甘辛く炒め煮にしたものです。

材料

ちりめんじゃこ200g　しし唐辛子1本　人参40g　胡麻油大匙1　醤油大匙2　水大匙4　砂糖大匙4　煎り胡麻大匙1

つくり方

①種を除いたしし唐辛子と人参はせん切りにする。

②フライパンに胡麻油をひき、熱くなったらじゃこを入れて弱火で炒める。しし唐辛子と人参を加えてかるく炒めて火を止める。

③鍋に醤油、水、砂糖を入れて、とろっとなるまで火にかける。

④③のたれに②のじゃこ炒めを入れてよくまぜ、最後に上から胡麻をかける。

万能合わせ醤油

これは私の料理に欠かせない大切な調味料です。ふだんの肉と野菜の煮こみや、煮ものなど、何にでも使える万能選手。つくってから醤油のボトルに漉しながら詰め、冷蔵庫で保存すれば1年でも大丈夫です。

材料

醤油1ℓ　水½カップ　砂糖350g　生姜（薄切り）3枚　みりん½カップ　酒½カップ　りんご½個　レモン（薄切り）3枚

つくり方

①りんごは芯をとっていちょう切りにし、レモンは薄切りを2つに切る。

②鍋に醤油、水、砂糖、生姜を入れて火にかけ、沸騰したらみりん、酒、りんご、レモンを入れて火を止め、蓋をして冷ます。涼しいところにおいてゆっくり冷ます。

●万能合わせ醤油を使って

鶏肉と野菜の煮こみ

骨からよいだしが出るので、必ず骨つき肉で。野菜の水分だけで煮こみます。

材料

鶏肉（骨つきのもの）1kg　干し椎茸6枚　人参1本　大根6㎝　万能合わせ醤油大匙5

A長葱（みじん切り）大匙2　にんにく（みじん切り）大匙½　胡麻油大匙1　胡椒小匙½　すり胡麻大匙1

つくり方

①鶏肉はきれいに洗う。干し椎茸は水にもどして、いちょう切りにする。人参と大根は3㎝長さに切り、大根は4つか6つ割りに、人参もそれに合わせて切る。

②厚手の鍋に材料を入れ、合わせ醤油とAの薬味類を加えてまぜ、5分位おく。

③中火にかけ、沸騰したら弱火にして蓋をし、途中で焦げつかないように注意しながら30分位煮る。

わたしのかんたん常備菜

こまめにつくって来客時はゆったり会話を

フレミング明子（在アメリカ・イリノイ州）

フルタイムの仕事をしていますし、おべんとう持参なので、常備菜は欠かせません。

よくつくるのは、和風ならきんぴらごぼう、切り干し大根の煮つけ、野菜の甘酢漬けなど、ごくふつうのものです。

週末には、日本からのお泊まり客や、夫や娘の友人、息子夫婦など、訪問客がありますので、つくりおきのものに2、3品ふやして用意しておくように心がけています。

みえる方の好みも考慮して、大抵はここにご紹介したような、味も彩りもよく、見栄えのするものを、帰宅してから、または週末のあいた時間に手早くつくって冷蔵庫へ入れておきます。メインは夫のリックがオリジナルのソースに浸けこんで庭のバーベキューコンロで焼く肉料理ですから、何もあわてることなく、いらした方々と食事や即興の演奏をゆっくり楽しむことができます。

マリネ3種

同じソースでできるマリネです。前の晩に材料を浸けておくだけで一品用意できるので、ふだんの日にも、来客時にも重宝します。

共通のマリネソース

オリーブオイル……¼カップ
酢……¼カップ
レモン汁……1個分
レモンの皮（薄くむきみじん切り）…小匙1
砂糖……小匙1
塩……小匙⅕
胡椒・辛子……各少々
にんにく（つぶして）……2～3片

たこのマリネ

たこまたはいかでつくります。いかのときは、紫玉葱を使うときれいです。

材料

茹でたこ（またはいか）200g　セロリ1本　玉葱1個　パセリ適宜　プチトマト1パック

つくり方

たこは食べやすく輪切りにする。セロリと玉葱は3～4㎜厚さのざく切りに、パセリはみじん切りにする。プチトマトは丸ごと、大きければ横半分に切る。たこと野菜を合わせてマリネソースに浸してまぜておく。冷蔵庫で最低一晩浸ける。2日から4日位までが食べ頃。

コーンとブラックビーンズのマリネ

黄色に豆の色が映える彩りのよい一皿です。

材料

コーン（缶詰）1缶（正味260g）　ブラックビーンズ（缶詰・なければひよこ豆やキドニービーンズ、茹でた黒豆でもよい）1缶（正味260g）　好みの香草

つくり方

材料全てをマリネソースで和え、一晩おく。さいの目切りのトマトや小口切りの細葱を加えてもよい。日もちは冷蔵庫で5日位。

カリフラワーとオリーブのマリネ

白と黒のしゃれた色のとり合わせです。共通のマリネ液にオレガノ少々を加えます。

材料

カリフラワー小1個　玉葱小1個　黒オリーブの実（缶詰・種ぬき）½缶

つくり方

カリフラワーは生のまま小房に分け、2～3㎜厚さに平たく切る。玉葱は薄切りに。黒オリーブの実は輪切りにする。全部をマリネソースに一晩浸ける。2日から4日位までが食べ頃。

胡瓜と玉葱の甘酢漬け

さっぱりとした甘酢味のものも用意しておくと、家族にもお客様にも喜ばれます。

つくり方

胡瓜2本は皮をむき、3㎜厚さの小口切りにする。玉葱小1個は薄切りに。甘酢は、酢1カップ　水¼カップ　塩少々　砂糖大匙1の割合でまぜる。甘酢液に胡瓜と玉葱を浸け、一晩おく。日もちは冷蔵庫で3日から5日。

アボカドのサルサ

サラダとして、レタスや中身をくりぬいたアボカドの皮に盛りつけます。またクラッカーやトルテイーヤチップスに添えれば、来客時の食前の一皿にもよいものです。

材料

トマト中2個　アボカド1個　玉葱½個　レモンの皮のすりおろし小匙1　ハルピーナ（メキシコの青唐辛子。瓶詰め）刻んで大匙2　レモン汁大匙1　タバスコ少々　塩小匙⅕　砂糖・胡椒各小匙1

つくり方

トマト、アボカド、玉葱、ハルピーナは粗みじんに刻み、材料全てをまぜ合わせる。

・注　トマトは実のしっかりしたものを選ぶこと。日本のトマトは水分が多く、しばらくおくとシャボシャボになるので、2日くらいで食べきった方がよいでしょう。

和風常備菜のレシピから

茄子の甘辛煮

茄子は縦半分に切り、皮に斜め格子状に切り目を入れる。胡麻油で皮側をよく焼き、砂糖、醤油、赤唐辛子、ひたひたのだしで煮る。冷蔵庫で3～4日もつ。

大根の葉のぴり辛煮

大根の葉を細かく刻んで、油で炒め、じゃこと一緒に右記と同じに煮る。

オクラのおかか和え

オクラは縦に細く切ってさっと茹で、おろし生姜、醤油、かつお節で和える。冷蔵庫で2～3日大丈夫。

たこのマリネ　胡瓜と玉葱の甘酢漬け

コーンとブラックビーンズのマリネ　カリフラワーとオリーブのマリネ

アボカドのサルサ

肉	レバー(豚他)	茹でレバー	中	108
	レバー(豚)	●豚レバーと香菜の和えもの	中	108
魚介	あおやぎ	●あおやぎと分葱のぬた	和	54
	鯵	鯵の酢じめ	和	56
		●鯵と胡瓜の酢のもの	和	56
		小鯵の南蛮酢	和	63
		鯵の南蛮漬け	和	64
		鯵（青魚）のエスカベーシュ	洋	82
		燻魚　ぴり辛ソース浸け	中	99
	穴子	穴子の甘辛煮	和	61
		●卵焼き	和	61
	アンチョビー	●和風レバーペースト	和	73
		鶏レバーのミートローフ	洋	93
	いか	いかの塩辛	和	58
		たこといかの和風マリネ	和	59
		いかの粕味噌和え	和	59
		いかのマリネ	洋	84
		魚介のトマト煮	洋	86
		●海の幸のピッツァ	洋	86
	鰯	●鰯天	和	32
		鰯の梅干し煮	和	60
	えび	●エスニックサラダ	エ	45
	かき	かきのオイル漬け	和	59
	かつお	かつおの焼き浸し	和	58
		かつおの角煮	和	62
		生節	和	62
		●かつおのそぼろ	和	62
		●甘辛煮	和	63
	こうなご	こうなごの田作り	和	46
	ごまめ	やわらか田作り	和	46
	鮭	鮭の昆布巻き	和	42
		鮭のそぼろ	和	65
		鮭のエスカベーシュ	洋	82
	鮭缶	●和風キッシュ	和	44
	鯖	しめ鯖	和	56
		燻魚　味噌味ソース浸け	中	99
	鰆	鰆の幽庵焼き	和	58
	さんま	さんまの辛煮	和	60
	じゃこ	筍と蕗のじゃこ煮	和	19
		昆布・じゃこ・おかかの薄味煮	和	43
		ちりめんじゃこの実山椒煮	和	47
		揚げじゃこ	和	47
		じゃこの炒め煮	韓	113
	白身魚	●白身魚のムニエル・ラタトゥイユソース	洋	81
		白身魚のロールマリネ	洋	85
	鯛	鯛（白身魚）のエスカベーシュ	洋	82
		白身魚のロールマリネ	洋	85
	たこ	たこといかの和風マリネ	和	59
		魚介のトマト煮	洋	86
		たこのマリネ	洋	114
	鱈	西京漬け	和	57
		鱈のでんぶ	和	64
		鱈のマリネトマト風味	洋	84
	ツナ缶	南瓜・ツナのマヨネーズサラダ	洋	29
	煮干し	煮干しとナッツの田作り	和	46
	ひらめ	●ひらめの昆布じめ	和	57
	帆立貝	蓮根と帆立のしぐれ煮	和	25
魚介	帆立貝	帆立貝のエスカベーシュ	洋	83
	身欠きにしん	刻み昆布とにしんの煮つけ	和	41
	わかさぎ	わかさぎの甘露煮	和	60
		わかさぎの南蛮漬け	和	64
		わかさぎ（小魚）のエスカベーシュ	洋	83
		燻魚　甘辛ソース浸け	中	99
魚介加工品	さつま揚げ	切り干し大根の五目煮	和	37
	竹輪	刻み昆布と竹輪の煮もの	和	41
卵	卵	●和風キッシュ	和	44
		●びっくりいなり	和	51
		●卵焼き	和	61
		煮卵	和	67
		●三色べんとう	和	70
		温泉卵	和	74
		●南瓜と卵のスープ	中	103
		塩卵	中	109
		茶卵	中	109
	卵(うずら)	うずら卵の味噌漬け	和	74
		●冷や奴にちょっとのせ	和	74
		うずら卵のカレー味	洋	74
乳製品	カッテージチーズ	●変わり白和え	和	45
米	米	●ご飯のサラダ	洋	76
麺	中華麺	●冷やし中華	中	88
	パスタ	●茄子とトマトのペンネ	洋	79
粉	春巻きの皮	●生春巻き	中	100
	ピッツァ	●海の幸のピッツァ	洋	86
酒	梅酒	豚肉の梅酒煮	和	66
酒加工品	酒粕	粕漬け	和	57
		いかの粕味噌和え	和	59
オイル・酢・ソースなど	青唐辛子	青唐辛子・にんにく・小玉葱の風味酢	洋	96
	オレンジ	オレンジオイル	洋	96
	きんかん	きんかん酢	洋	96
	小玉葱	青唐辛子・にんにく・小玉葱の風味酢	洋	96
	スパイス	スパイスオイル	洋	96
	トマト	トマトベース	洋	94
	人参	人参と玉葱のベース	洋	94
	にんにく	にんにくベース	洋	77
		青唐辛子・にんにく・小玉葱の風味酢	洋	96
	ハーブ	ハーブ酢	洋	96
	プルーン	プルーンベース	洋	95
	りんご	りんごのベース	洋	94
	ワイン	ワインベース	洋	95
	味噌	家庭でつくる味噌	和	54
		和風ソース	和	66
		基本のマリネ液	洋	78
		即席デミグラスソース	洋	95
		ビネグレットソース	洋	76
		ぴり辛ソース	中	99
		甘辛ソース	中	99
		味噌味ソース	中	99
		万能合わせ醤油	韓	113

索引

豆	うぐいす豆	うぐいす豆の甘煮	和	50
	うずら豆	うずら豆のカレー	洋	87
	キドニービーンズ	洋風煮豆	洋	87
	金時豆	金時豆の甘煮	和	50
	黒豆	黒豆の甘煮	和	50
		黒豆の煮こみ	韓	112
	白いんげん	豆のピクルス	和	49
	大豆	干し大根・大豆・昆布の醤油漬け	和	34
		すき昆布と大豆の煮もの	和	40
		七福豆（昆布、ごぼう、干し椎茸他）	和	48
		大豆の黄金煮	和	48
		厚揚げのひりょうず	和	52
		大豆入り肉味噌	和	71
		豆のミートローフ	洋	92
	虎豆	虎豆の甘煮	和	50
	花豆	花豆・牛肉・こんにゃくの煮もの	和	49
	ブラックビーンズ	コーンとブラックビーンズのマリネ	洋	114
	豆いろいろ	カリフラワー・豆・セロリのマヨネーズサラダ	洋	29
	レンズ豆	レンズ豆とチキン入りラタトゥイユ	洋	81
豆製品	厚揚げ	厚揚げのこってり煮	和	52
		厚揚げのひりょうず	和	52
	油揚げ	芋がらと油揚げの炒め煮	和	37
		ぜんまいの煮つけ	和	38
		油揚げのいなり煮	和	51
		●いなりずし	和	51
		●いなり巻き	和	51
		●びっくりいなり	和	51
	おから	おからのドライカレー	和	53
	豆腐	豆腐の味噌漬け揚げ	和	52
		●豆腐とこんにゃくの田楽	和	54
		●冷や奴にちょっとのせ	和	74
		豆腐のミートローフ	洋	92
		豆腐の薬味煮こみ	韓	112
	味噌	練り味噌3種	和	54
		西京漬け	和	57
肉	牛すじ肉	牛すじ肉の味噌煮こみ	和	72
	牛すね肉	牛すね肉の醤油煮	和	72
	牛肉	花豆・牛肉・こんにゃくの煮もの	和	49
		牛肉とごぼうのしぐれ煮	和	72
		牛もも肉のマリネ	洋	89
		●ミートソース	洋	91
		牛肉の角煮	韓	112
	砂肝	茹で砂肝	中	108
		●砂肝とクレソンの和えもの	中	108
	タン	牛タンの味噌マリネ	洋	89
	鶏ささみ	●いなり巻き	和	51
	鶏肉	煮しめ	和	10
		●タイ風照り焼き	エ	30
		●巻き鶏	和	32
		山くらげの煮つけ	和	38
		蒸し鶏	和	68
		●蒸し鶏のみどり酢和え	和	68
		●蒸し鶏のコチュジャンソース	韓	68
		●蒸し鶏の胡麻酢和え	和	68
肉	鶏肉	鶏肉の南蛮漬け	和	69
		鶏手羽のソース煮	和	69
		揚げ鶏の胡麻酢漬け	和	69
		レンズ豆とチキン入りラタトゥイユ	洋	81
		白鶏（茹で鶏）	中	106
		●カリカリ炒めサラダ	中	106
		●茹で鶏とピーマンの炒めもの	中	107
		●棒々鶏	中	107
		●揚げ鶏丼	中	107
		●鶏肉と野菜の煮こみ	韓	113
	ハム	●大根のハムサンド	洋	33
		洋風煮豆	洋	87
	挽肉（牛）	おからのドライカレー	和	53
		牛そぼろ	和	70
		●三色べんとう	和	70
	挽肉（鶏）	高野豆腐のほろほろ	和	53
		鶏そぼろ	和	70
		●鶏そぼろの春野菜煮	和	70
		のし鶏（味噌松風）	和	71
		豆腐のミートローフ	洋	92
	挽肉（豚）	五目肉味噌	和	71
		大豆入り肉味噌	和	71
		鶏レバーのミートローフ	洋	93
		豆のミートローフ	洋	92
		野菜のミートローフ	洋	92
	挽肉（合）	肉そぼろ	中	100
		●生春巻き	中	100
		●春雨の和えもの	中	101
		●白菜スープ	中	101
		●じゃが芋の和えもの	中	101
	豚肉	●ロールカツ	洋	33
		切り干し大根の中華炒め	和	34
		豚肉の梅酒煮	和	66
		揚げ煮豚	和	67
		茹で豚	和	66
		和風焼き豚	和	67
		煮豚	和	67
		豚ロースのマリネ	洋	88
		●冷やし中華	中	88
		豚もも肉のリエット風	洋	90
		●カナッペ	洋	91
		●コロッケ	洋	91
		白肉（茹で豚）	中	102
		●回鍋肉	中	102
		●南瓜と卵のスープ	中	103
		●白肉と漬けものの炒めもの	中	103
		●白肉と青菜の和えもの	中	103
		紅焼肉（豚肉の醤油煮）	中	104
		●北京風肉じゃが	中	104
		●角煮	中	105
		●豚肉と白菜の煮こみ	中	105
		●筍の煮こみ	中	105
	レバー（牛）	牛レバーの味噌漬け	和	73
	レバー（鶏）	鶏レバーのしぐれ煮	和	73
		●和風レバーペースト	和	73
		鶏レバーのミートローフ	洋	93
		レバーペースト	洋	93
		●鶏レバーと茗荷の胡麻和え	中	109

野菜	人参	五目肉味噌	和	71
		牛すじ肉の味噌煮こみ	和	72
		野菜のミートローフ	洋	92
		人参と玉葱のベース	洋	94
		辛味漬け	中	98
	にんにく	にんにくベース	洋	77
	ハーブ	ハーブ酢	洋	96
	白菜	白菜の酢油和え	和	15
		●白菜スープ	中	101
		●豚肉と白菜の煮こみ	中	105
	葉わさび	葉わさびの甘酢漬け	和	18
	ピーマン	焼き野菜のマリネ	洋	76
		●茹で鶏とピーマンの炒めもの	中	107
	蕗	蕗の葉の炒め煮	和	18
		筍と蕗のじゃこ煮	和	19
		蕗のドレッシング漬け	和	19
		蕗の土佐煮	和	20
	蕗の薹	蕗の薹の炒り煮	和	18
		蕗の薹味噌	和	18
	ブロッコリー	ブロッコリーのオイル漬け	洋	79
		●パスタソース	洋	80
	ほうれん草	●白肉と青菜の和えもの	中	103
	茗荷	茗荷の酢炒め	和	21
		●鶏レバーと茗荷の胡麻和え	中	109
	山芋	醤油漬け	中	98
	蓮根	煮しめ	和	10
		酢蓮根	和	17
		たたき蓮根の旨煮	和	25
		三色蓮根	和	25
		蓮根と帆立のしぐれ煮	和	25
		カリフラワーと蓮根のアチャラ	和	28
		わかさぎの南蛮漬け	和	64
		甘酢漬け	中	98
	分葱	●あおやぎと分葱のぬた	和	54
	野菜いろいろ	いろいろ野菜の南蛮漬け	和	11
		いろいろ野菜の胡麻酢浸し	和	11
		七福きんぴら	和	12
		いろいろ野菜の酢炒め	和	16
		おからのドライカレー	和	53
		●ご飯のサラダ	洋	76
		保存のカレールウ	洋	77
		●即席カレー	洋	77
		洋風煮豆	洋	87
	野菜の皮	皮のきんぴら　茄子／うど／大根／さつま芋	和	13
果物	アボカド	アボカドのサルサ	洋	115
	オレンジ	オレンジオイル	洋	96
	きんかん	きんかん酢	和	96
	ドライプルーン	鶏レバーのミートローフ	洋	93
	プルーン	プルーンベース	洋	95
	柚子	鰆の幽庵焼き	和	58
	りんご	りんごのベース	洋	94
ナッツ	くるみ	煮干しとナッツの田作り	和	46
	ピーナッツ	煮干しとナッツの田作り	和	46
		醤油漬け	中	98
漬けもの	梅干し	筍と昆布の梅干し煮	和	43
		ひじきの梅干し煮	和	44
		鰯の梅干し煮	和	60
	野沢菜漬け	●白肉と漬けものの炒めもの	中	103

乾物	芋がら	芋がらと油揚げの炒め煮	和	37
	かんぴょう	乾物の炊き合わせ	和	36
	きくらげ	厚揚げのひりょうず	和	52
		高野豆腐のほろほろ	和	53
	切り干し大根	切り干し大根の三杯酢	和	34
		切り干し大根の中華炒め	和	34
		煮なます	和	35
		●押しずし	和	35
		切り干し大根の五目煮	和	37
	削りがつお	昆布と削りがつおのふりかけ	和	47
	高野豆腐	乾物の炊き合わせ	和	36
		高野豆腐の昆布巻き	和	42
		高野豆腐のほろほろ	和	53
	するめ	松前漬け	和	41
	ぜんまい	乾物の炊き合わせ	和	36
		ぜんまいの煮つけ	和	38
	春雨	●エスニックサラダ	エ	45
		●春雨の和えもの	中	101
	干し椎茸	煮しめ	和	10
		乾物の炊き合わせ	和	36
		椎茸昆布	和	43
		●鶏肉と野菜の煮こみ	韓	113
	干し大根	干し大根・大豆・昆布の醤油漬け	和	34
	山くらげ	山くらげの煮つけ	和	38
	湯葉	乾物の炊き合わせ	和	37
	割り干し大根	干し大根の和えもの	韓	112
乾物加工品	糸こんにゃく	ちりちり糸こん	和	39
	こんにゃく	煮しめ	和	10
		ごぼうとこんにゃくの味噌煮	和	26
		ぴり辛煮	和	39
		ぺらぺら煮	和	39
		花豆・牛肉・こんにゃくの煮もの	和	49
		●豆腐とこんにゃくの田楽	和	54
	しらたき	きんぴら煮	和	39
海藻	刻み昆布	干し大根・大豆・昆布の醤油漬け	和	34
		刻み昆布とにしんの煮つけ	和	41
		刻み昆布と竹輪の煮もの	和	41
	茎わかめ	茎わかめの炒め煮	和	40
	昆布	乾物の炊き合わせ	和	36
		松前漬け	和	41
		ミニ昆布巻き	和	42
		鮭の昆布巻き	和	42
		椎茸昆布	和	43
		筍と昆布の梅干し煮	和	43
		昆布・じゃこ・おかかの薄味煮	和	43
		昆布と山椒の実の佃煮	和	43
		昆布と削りがつおのふりかけ	和	47
	すき昆布	すき昆布と大豆の煮もの	和	40
	海苔	海苔のあっさり佃煮	和	40
	ひじき	ひじきの五目煮	和	44
		●和風キッシュ	和	44
		●エスニックサラダ	エ	45
		●変わり白和え	和	45
		●まぜご飯	和	45

索引（材料別）

●印は展開料理
和＝和風　洋＝洋風　中＝中国風　韓＝韓国風　エ＝エスニック

野菜	青唐辛子	夏野菜の焼き浸し	和	23
	赤ピーマン	赤ピーマンのベース	洋	94
	アスパラガス	●変わり白和え	和	45
	いんげん	いんげんと茄子の味噌煮	和	22
		いんげんの当座煮	和	22
		●いんげんとごぼうのサラダ	和	31
	エリンギ	豆腐のミートローフ	洋	92
	オクラ	夏野菜の焼き浸し	和	23
	蕪	菊花蕪	和	14
		蕪と人参のアチャラ	和	14
		甘酢漬け	中	98
	蕪の葉	蕪の葉のほろほろ	和	27
	南瓜	南瓜・ツナのマヨネーズサラダ	洋	29
		●南瓜と卵のスープ	中	103
	カリフラワー	カリフラワーと蓮根のアチャラ	和	28
		カリフラワー・豆・セロリのマヨネーズサラダ	洋	29
		甘酢漬け	中	98
		カリフラワーとオリーブのマリネ	洋	114
	絹さや	乾物の炊き合わせ	和	37
		●三色べんとう	和	70
	木の芽	●木の芽ずし	和	19
	キャベツ	コールスロー	和	15
		和風ザワークラウト	和	16
		野菜のミートローフ	洋	92
		●カリカリ炒めサラダ	中	106
	胡瓜	胡瓜の甘酢漬け	和	14
		●鯵と胡瓜の酢のもの	和	56
		●蒸し鶏のみどり酢和え	和	68
		辛味漬け	中	98
		胡瓜と玉葱の甘酢漬け	洋	114
	銀杏	厚揚げのひりょうず	和	52
	クレソン	●砂肝とクレソンの和えもの	中	108
	コーン	コーンとブラックビーンズのマリネ	洋	114
	ごぼう	煮しめ	和	10
		ごぼうと人参のきんぴら	和	12
		酢ごんぼ	和	17
		さつま芋とごぼうの和風マリネ	和	24
		ごぼうとこんにゃくの味噌煮	和	26
		ごぼうと豚肉のきんぴら煮	和	26
		ごぼうの酢漬け	和	30
		人参とごぼうの調味液漬け	和	31
		●いんげんとごぼうのサラダ	和	31
		牛すじ肉の味噌煮こみ	和	72
		牛肉とごぼうのしぐれ煮	和	72
	さつま芋	さつま芋とごぼうの和風マリネ	和	24
		さつま芋のレモン煮	和	24
		さつま芋の梅酒煮	和	24
		さつま芋・セロリ・レーズンのマヨネーズサラダ	洋	28
		●さつま芋の煮ものりんご風味	洋	95
	里芋	煮しめ	和	10
		●里芋の胡麻味噌かけ	和	54
	山椒の実	昆布と山椒の実の佃煮	和	43
		ちりめんじゃこの実山椒煮	和	47
		実山椒の佃煮	和	47
	しし唐辛子	しし唐辛子とじゃこの炒め煮	和	21
野菜	じゃが芋	ポテト・ベーコン・玉葱のマヨネーズサラダ	洋	28
		●鶏そぼろの春野菜煮	和	70
		じゃが芋のオイル漬け	洋	78
		●ホットポテトサラダ	洋	78
		●コロッケ	洋	91
		●じゃが芋の和えもの	中	101
		●北京風肉じゃが	中	104
	香菜	●豚レバーと香菜の和えもの	中	108
	春菊	●人参と春菊の和えもの	和	33
	ズッキーニ	ラタトゥイユ	洋	80
	セロリ	醤油漬け	中	98
		さつま芋・セロリ・レーズンのマヨネーズサラダ	洋	28
	セロリの葉	セロリの葉の辛煮	和	21
	大根	大根と人参の中華風なます	和	28
		ひと塩人参・ひと塩大根	和	33
		●大根のハムサンド	洋	33
		牛すじ肉の味噌煮こみ	和	72
		辛味漬け	中	98
	大根葉	大根葉と桜えびの炒め煮	和	27
		八色ふりかけ	和	65
	筍	筍・人参・しらたきのこまぶし	和	20
		筍と昆布の梅干し煮	和	43
		●筍の煮こみ	中	105
	玉葱	玉葱の酢漬け	和	30
		●玉葱と苦瓜のサラダ	和	31
		玉葱の酒炒り	和	32
		●ラーメンの具	中	33
		鯵の南蛮漬け	和	64
		焼き野菜のマリネ	洋	76
		人参と玉葱のベース	洋	94
		青唐辛子・にんにく・小玉葱の風味酢	洋	96
	トマト	トマトのオイル漬け	洋	79
		●茄子とトマトのペンネ	洋	79
		ラタトゥイユ	洋	80
		●ミートソース	洋	91
		トマトベース	洋	94
	トマト水煮缶	●蒸し鶏のトマトソース和え	洋	68
	長葱	長葱のマリネ	和	27
	茄子	いんげんと茄子の味噌煮	和	22
		茄子味噌	和	23
		茄子のオイル漬け	洋	78
		●茄子とトマトのペンネ	洋	79
		ラタトゥイユ	洋	80
	茄子(米茄子)	焼き野菜のマリネ	洋	76
	苦瓜	●玉葱と苦瓜のサラダ	和	31
	人参	煮しめ	和	10
		ごぼうと人参のきんぴら	和	12
		酢人参	和	17
		大根と人参の中華風なます	和	28
		人参の酢漬け	和	30
		人参とごぼうの調味液漬け	和	31
		人参と玉葱の酒炒り	和	32
		ひと塩人参・ひと塩大根	和	33
		●人参と春菊の和えもの	和	33
		高野豆腐のほろほろ	和	53
		わかさぎの南蛮漬け	和	64

●この本に協力して下さった方々
成瀬すみれ
嶋田弥生
ウー・ウェン

小泉　聡

鄭　英子
フレミング明子

●装幀・デザイン
林忠
●撮影
原　務
●イラスト
スドウ　ピウ

わたしの保存食
常　備　菜

2002年4月20日第1刷発行
2016年8月1日第18刷発行

編者　婦人之友社編集部
発行所　婦人之友社
〒171-8510　東京都豊島区西池袋2-20-16
電話　(03)3971-0101
振替　00130-5-11600
印刷　大日本印刷株式会社
製本　株式会社若林製本工場
●乱丁・落丁はおとりかえいたします。
 ISBN978-4-8292-0420-7